法事がわかれば親鸞がわかる

通夜から墓参りまで

北畠知量

法藏館

法事がわかれば親鸞がわかる　目次

法事がわかれば親鸞がわかる

——通夜から墓参りまで——

はじめに

親鸞《しんらん》を宗祖とする浄土真宗の末寺《まつじ》は、日本に約二万一千か寺あります（「宗教統計調査結果」文化庁、平成二六年版）。その本堂に入ると、正面に阿弥陀如来の立像が安置され、その右側には親鸞の絵像が掛けられています。阿弥陀如来の教えを、親鸞はこのように了解した。それをあなた方に伝えたい。その場がこの本堂だ。こんな形になって今日に至っています。

ではこの親鸞さんは、どんな教えを我々に伝えようとしているのでしょうか。

それは、横超《おうちょう》他力の教えであると思います。横超他力とは、もうダメだと絶望する自分を阿弥陀如来に託し、そんな自分から解放されることです。

人間は生涯、苦から逃れられません。頑張ってきたが、思うようにはならない。人生の途上で、無力感、喪失感、失望感、罪悪感などにさいなまれる。老いて誰からも必要とされず、身の置き所が無い。生きているだけで、皆に迷惑がかかる。こんな時、人間は、この自分を少しでも肯定しようとアレコレ考え、もがき苦しみます。運が悪かったのだ、自分はよく頑張った、自分がすべて悪いわけではない、時代が変われば……などと考える。さらに考え続けてはみるものの、最後には行き詰まり、出口が見えなくなる。そして、もうダメだと絶望に沈む。

この時、もうダメだと絶望している自分を丸ごと阿弥陀如来に託すのです。委ねる、お任せする、お頼みする、受け取ってもらうと言ってもいいでしょうね。

「阿弥陀様、こんな自分をお受け取りください」

この一念が起こる時、阿弥陀如来は、もうダメだと考えている自分を受け取り、この自分から私を解き放ってくださる。自力で自分を克服するのではなく、阿弥陀如来を頼んで自分を超える。これが横超他力なのです。

親鸞『教行信証《きょうぎょうしんしょう》』の「化身土巻《けしんど》」には、こう書かれています。

「横超《おうちょう》」とは、本願《ほんがん》を憶念《おくねん》して自力の心《しん》を離るる、これを「横超他力《おうちょうたりき》」と名づくるなり。……これすなわち真宗《しんしゅう》なり。

これはなかなか難しい教えですね。けれども、自分が末期の癌患者だと考えてみると、分かりやすいかと思います。

末期の癌に苦しむ自分。強い痛みをモルヒネで抑えることしかできない。徐々に死期が迫ってくる。もうダメだと絶望に沈む。その時、この自分を自分で何とかしようとせず、これをそのまま阿弥陀如来に任せるのです。「阿弥陀様、こんな自分をお任せします」このように自分を任せることができた私は、苦しむ自分を横様に超え、その自分から解放されて自由になります。すると、苦しむ自分を素直にさらけ出せるようになり、これまで拒んでいた見舞客に会うのが楽しみになります。

弥陀を頼んで自分を横超すると、世界が一変します。絶望していた自分が既に救われていたということに気づき、深い喜びと感動の念（念仏）が湧き起こり、そこに「浄土」が開かれるからです。存命中にそんな心の世界が開かれるのです。そして、これまで引き受けられなかった苦が平然と引き受けられるようになる。苦を引き受けて、前向きに生きていけるようになる。しかも、ゆとりと謝念の日々を過ごすことができる。すべての救いの道が閉ざされていても、まだこのような宗教的救済の世界が開けています。親鸞さんは、この横超他力の救いの道を我々に伝えようとしているのです。

一度自分を横超することができれば、いつでもまた横超することができるという安心感が生まれます。この安心感をもって、再度この社会の問題に大胆に関わっていける。その生き方は、成功を願いながらもそれにこだわらず、失敗を恐れながらもそれに打ちのめされないという、柔軟な姿のものになります。

仏教、特に親鸞さんが求めた浄土真宗は、個性豊かに自分を生きながら、最終的に行き詰まった時には、横超の救いをいただく教えなのです。そして、我々が最も身近にその縁に会うのは、通夜や法事の時です。亡き人を追弔《ついちょう》することは大切です。そうすると心に不思議な安らぎがもたらされます。さらにその法事を通して親鸞聖人の横超他力の教えにふれることができます。

親鸞さんの『正信偈《しょうしんげ》』には、「即《そく》、横超截《ぜつ》五《ご》悪趣《あくしゅ》」「光闡《こうせん》、横超大誓願《だいせいがん》」と記されていますね。仏事の際には、この『正信偈』を皆で勤め、住職の話を手掛かりに横超他力の教えにふれていただきたい。それが浄土真宗の小さな末寺の住職である私の願いです。

一、通　夜

一、枕経と通夜式

1　枕　経

人が亡くなる。その知らせを受けると、住職《じゅうしょく》はまず枕経《まくらぎょう》を勤めに伺います。ふつうは、その翌日が通夜式です。住職は、その際にどんなお話ができるだろうかと、いつも考えます。

僧が遺体の枕元で経を勤めるので、枕経と呼ばれてきました。その起源は、平安中期の源信《げんしん》にまでさかのぼります。比叡山《ひえいざん》の僧であった源信は、死にゆく人を極楽浄土《ごくらくじょうど》に往生させるためには、いくつかの臨終行儀《りんじゅうぎょうぎ》が必要だと説きました。

臨終が近づいた病人をできるだけ清潔にし、部屋には阿弥陀如来の像を安置する。病人を北枕に寝かせ、顔を像に向けさせ、香を焚き、病人の指と阿弥陀如来の指を五色のひもで結ぶ。臨終が迫ってくると、僧が読経《どきょう》し念仏を称え、「何か見えるか」と尋ねる。そして「さあ、阿弥陀仏を念じなされ」と促すのです。「臨終の一念（一回の念仏）は、百年の業《ごう》に勝《まさ》れり」がその根拠です。

源信の記した臨終行儀は、僧や上流階級の人々に広まり、やがてそれは、臨終時から死後にまで延長されました。そして、死の自覚や受容を促す枕経、往生や成仏を祈願する枕経、さらに後には、邪宗者探索のため遺体の検分を兼ねた枕経が行われるようになっていきました。

けれども親鸞さんは、念仏者は死ぬとすぐ浄土に往生すると了解していましたので、死者の枕元で読む経は、死者を浄土に迎えてくださる阿弥陀如来への報恩・感謝という意味のものとなります。

「阿弥陀様、こんな人生を送らせてもらい、今、浄土にお迎えいただくことです。本当に有り難うございます」

こんな感謝の経、これが浄土真宗の枕経なのです。ところが死者は、自分でその経を読むことができません。そこで住職が代わりに読むことになります。その意味からすれば、枕経は仏壇の本尊に向かって読まれなくてはいけません。

読経後、少しだけお話をすることにしています。

けれども、身近な人の死に大きな衝撃を受けた親族は、何を聞いても上の空です。大往生だという場合、親族は通夜・葬儀のことをアレコレ考えているのが普通です。その状況に応じて私は、「阿弥陀様にゆだねる」という言葉で横超他力の教えを伝えたいと思っています。

亡くなった人を自分で抱え込み、「何でこうなったのか」「原因は何か」「あの時もっと強く再検査を勧めればよかった」「あそこに信号が無いからだ」「私は十分介護した」「私に落度は無いはずだ」などと考える自分を、ただ素直に阿弥陀如来にゆだねるのです。このように自分を横超できれば、悲しみは消えませんが、悩みからは解放されます。

そこで住職は最初に、友引や逆さ事などの因習にはこだわらない、一膳飯や守り刀は不要などといった説明をします。次に命終者の名前、生年月日、死亡日を確認する。そして、法名をつけるために、生前の人柄をうかがいます。

「どんなお人柄の方でしたか」

この時、一瞬ですが遺族の気持ちが和みます。遺族の話を聞いた後、最後に私は、一言付け加えたいのです。

「もし、なぜ亡くなったのかと考えだしてあれこれ思い煩うようなことがあったら、そんな自分を阿弥陀様にゆだねてくださいね。通夜・葬儀は、精一杯勤めさせていただきます」

こうして枕経が終了します。あれこれ思い煩う自分を阿弥陀如来にゆだねる。これが悩む自分を横超する第一歩です。死の原因究明は、後で冷静にやればいいのです。

2 通夜式

通夜式の流れは地域によって大きく異なります。枕経に続けて通夜のお勤めをする場合もあります。読経中に参列者が焼香する場合もあります。読経、法話、喪主の挨拶、焼香の順序も一定していません。葬儀社が故人の回想を演出するケースもあれば、ノータッチのケースもあります。

古代には、親族が遺体の傍で一夜をすごす殯《もがり》という習慣がありました。殯では伽《とぎ》をしました。伽とは、文字通り、人の傍に誰かが加わって、添い寝をする、話し相手をする、看病をすることを意味します。その伽を夜に行ったので夜伽《よとぎ》、その夜伽を夜通し行ったので

一、通　夜

通夜、ということになるのですが、その相手は既に亡くなっている。だから夜伽では、北枕にした遺体の傍で火を灯し、香を焚き、魂が抜け出た遺体に他の悪霊が入り込まないよう見守るのだと、昔から言われてきました。そのため、遺体の胸元に刃物を置いたり、樒《しきみ》を飾ったり、遺体の周りに屏風を立てたりもしました。この夜伽は身内だけが行う営みでしたので、庶民の場合、その資料は見当たりません。

江戸時代のころから、夜伽に知人が加わって一夜を過ごすようになっていきます。遺体の顔を拝んで合掌し、ただ一夜を共に過ごすだけの通夜で、式という形にはなっていませんでした。福沢諭吉《ふくざわゆきち》は、緒方洪庵《おがたこうあん》の訃報《ふほう》（一八六三年）を聞いてかけつけた三十〜五十人くらいが、通夜ということで、狭い家の中で皆起きていたと記しています（『福翁自伝』岩波文庫、一五〇頁参照）。

庶民が、式と言えるような形の通夜式を自宅で営み、そこに人々が定時に集うようになったのは、比較的近年のことなのです。夕刻、長老が導師となって親鸞さんの『正信偈』を勤め、皆が唱和する。大方の弔問客《ちょうもんきゃく》が帰ってしまっても、何人かの親族や知人が居残り、家の誰かが一晩中起きている。玄関の戸締りはせず、灯りもついている。幾人かの親族が棺の傍で想い出話や世間話をしている。ある者は酒を飲んでいる。これが庶民の一般的な通夜式でした。

今日の通夜式は、ほとんどが葬祭会館で行われますね。式が終わると大方の弔問客は帰ってしまい、一応の区切りがつきます。それからしばらくは、親しい来客と喪主との個人的な談話が続きます。この時「通夜ぶるまい」として軽食と飲み物が用意されることもあります。そんな来客も九時ごろにはすべて帰路に着き、通夜が終了します。これを半通夜と称しています。

米寿を超える高齢者が亡くなった場合の通夜は、淋しい限りです。その知人・友人のほとんどは、既に亡くなっているか、寝たきりに近い状態にあります。喪主の多くは、香典や弔問は辞退すると職場に伝えています。ですから通夜式をしても、参列者はわずかです。しかし、二十四時間経たないと火葬ができない。そうなると通夜は、火葬待ちの時間ということになってしまいます。

このように、通夜は時代とともに変化しています。では、この通夜とは、いったいいかなる場であるべきでしょうか。

歴史的にその姿も変わり、宗派によっても様々な意味づけがなされていますが、浄土真宗の通夜とは、生者必滅《しょうじゃひつめつ》・会者定離《えしゃじょうり》という仏教の基本に立ち返り、煩悩《ぼんのう》を捨てて浄土に往生した方から教えを学ぶ場だと受け止めるべきでしょうね。ではいったいどんな教えを学んだらいいか。皆で親鸞さんの『正信偈』を勤め、住職の話を手掛かりに、横超他力の教えを学ぶ。これが浄土真宗の通夜の基本だと思います。

二、通夜式でのお話

1　事故死した人の通夜

Mさん（四十五歳）は、有能な県の職員で、河川管理の仕事をしていた。身長一七五センチメートルで、がっちりした体格だった。きゃしゃな奥さんとの間に、子どもが二人いた。

その日Mさんは、遠方のダムの管理事務所で仕事を終え車で役所に戻ろうとしていた。車は、片側一車線の崖沿いの道を走っていた。左は山肌、右は海。その国道で、居眠り運転の中型トラックが、センターラインを大きく越えてMさんの車に正面衝突。車は大破、

Mさんは即死した。

遺体は、しばらくして自宅に戻った。その翌日、大勢の人が集まって、葬祭ホールで通夜が営まれた。通夜のお勤めの後、私は短いお話をした。


皆さん、事情は既に、お聞き及びのことと存じます。

むごい通夜です。できることなら、こんな通夜はしたくない。故人と近しかった人は、「信じられない。先日話したばかりなのに」「今にも帰ってきそうな気がする」と言います。

家族は、何がどうなったのか、わけがわからない。悲しいという気持ちが起こらない。

やがて家族は、まさかこんなことが起こるとは……と絶句。き起こる。いつも聞いているテレビのコマーシャルや、人々の笑い声や、ニュースの声さえ腹立たしい。

やがて家族は、ただ悲しくなる。悲しい、そして涙が止まらない。

しかし、亡くなった人は、ひたすら詫びていると私は思います。
○同僚の皆さん、突然仕事を放り出してしまってゴメン。
○子どもたちよ、お前たちが一人前になるまで、父さんは頑張らなければならなかったのに、ここまでしかできなくてゴメン。
○妻よ、私によく尽くしてくれたのに、何も報いてあげられずに、ゴメン。
○母よ、長く生きて、あなたの最後を看取るはずだったのに、こんな悲しい思いをさせて、ゴメンね。
○死にたくなかったのに、絶対に死にたくなかったのに、突然に死んでしまって、ゴメンね。
こんなゴメンの声が聞けるのは、本当に近しい人だけです。十分にこの声を聞いてあげてください。今日のような通夜にできることは、それしかありません。

この後、喪主の挨拶があり、焼香してお引取りいただくことになります。

その際には、ゴメン、ゴメンと謝りながら浄土へと旅立っていったこの方の声ならぬ声を聞き、生者必滅・会者定離の理をかみしめながら、香を薫じていただきますように。

通夜の儀、以上でございます。本日はご苦労様でした。

2　病死した人の通夜

Ｓさんは、肺癌で亡くなった。タバコを吸わなかったので、肺癌になることなど考えてもみなかった。だから発見が遅れた。そして発見された時には、癌はかなり進んでおり、あちこちに転移していた。入退院を繰り返し、あらゆる治療を試みたが、一年半しか生きられなかった。

亡くなった次の日の夕刻七時、斎場のホールで通夜。皆で『正信偈』を勤めた後、私は少しお話をした。

お忙しいところ、お集まりいただき、ご苦労様でございます。

人が亡くなりますと、まず枕経、そして通夜式を営むわけでありますが、いったい何のために通夜式を営むのか、通夜とはいかなる場であるのかということを、この場で、皆さんと共に、確認しあいたいと思います。

通夜は、遺族が故人と一緒に過ごす最後の一夜になります。その意義に関しては、各宗・各派がそれぞれの見解を出しています。浄土真宗では、一切の仏事を聞法の場と受け止めますから、通夜もまた聞法の場。この方の生涯の歩みを思い起こし、新たに仏の一人となられたこの方から教えを学ぶ場、こう受け止めるのが基本だと思います。

では、この方から、いったいどんな教えを学ぶのか。

学ぶに先立って、この方の生涯を思い浮かべてみましょう。

Sさんは、昭和二十二年五月のお生まれでした。この年は、戦争の放棄をうたった新しい日本国憲法が施行された年でした。

Sさんがよちよち歩きの二歳の時、湯川博士にノーベル物理学賞が贈られた。七歳の時には、洞爺丸《とうやまる》という船が沈没し千人以上の方が亡くなった。十一歳の時には平成天皇が美智子さんと結婚。十六歳の時にはケネディー大統領が暗殺された。

団塊の世代のSさんは、頑張って念願の大学に入学、卒業。就職して、今の奥さんと結婚しました。子どもを二人育てあげ、二人の子どもの結婚を見届け、孫に恵まれて定年。しばらくは仕事をしていましたが、思ってもみない病気が見つかり闘病生活。そして昨日の未明、ついにその生涯を閉じられたわけです。

Sさん、あなたはこんな人生を送られましたが、あなたにとって人生とは、どのようなものでありましたか。本当に色々なことがありましたね。長い一生でしたね。そう問いかけたら、Ｓさんは、何とお答えになるでしょうか……。

おそらく、こうお答えになるに違いない。

「物心がついてから死ぬまで、ホントにあっという間でした」

人生は長いようですが、あっという間に終わってしまいます。皆さんの人生も、私の人生もそうです。その意味では、カゲロウやセミと大差ありません。秀吉の辞世の句にもありますね。

露と落ち　露と消えにし　我が身かな　浪速のことも　夢のまた夢

蓮如上人《れんにょしょうにん》も「御文《おふみ》」に書いておられます。

おおよそはかなきものは、この世の始中終《しちゅうじゅう》、まぼろしのごとくなる一期《いちご》なり。されば、いまだ万歳《まんざい》の人身《にんじん》をうけたりという事《こと》をきかず。一生すぎやすし。（五帖目一六）

小学生は、夏休みを心待ちにします。しかし夏休みはあっという間に終わる。そしてあっという間に小学校の卒業式。中学の三年間もあっという間です。高校も、大学もあっという間です。気がつけばサラリーマン。その定年もあっという間に来ます。そしてあっという間に死ぬ時が来て一生を終わるのです。

私たちは、明日はアレがあり、一週間先にはコレがあり、一月先には……などと考えています。Sさんもそうだったと思います。ところが、死はまことに不意に訪れる。そして、息を引き取ってみれば、人生はまことにあっという間。

「人生は、あっという間に終わるぞ」

通夜は、新たに仏となられたこの方から、この一点を学ぶ場だと私は思います。

もう一つ尋ねてみます。

Sさん、あなたの人生は、良い人生でしたか。それとも、さほど良くない人生でしたか。点をつけたら、何点くらいの人生だったでしょうか。

Sさんのことをよく知っている人は、あれこれ考えるでしょうね。もう少し早く生まれていたら、空襲に遭って死んでいた。大変ラッキーだった。だから、プラス何点。いい奥さんをもらい、男の子を二人授かった。これはプラス何点。しかし、下の子が、結婚して間もなく事故に遭い、障害者になった。これは、どう見てもマイナス何点。ご本人も交通事故に遭った、奥さんが入院した、その他あれこれあって、全体としてSさんは七十五点くらい……かな。

では、Sさん自身は何とお答えになるでしょうか。

おそらくこうお答えになるに違いない。

「自分の思いに執着しておりますうちは、あれこれと考えておりましたが、今、その執着の心を捨て去ってみれば、私の人生は、百点満点。まことに素晴らしい人生でございました」

この答えを、皆さんはどのように受け止められますか。

私たちは、素晴らしい人生を送りながら、自分の思いに執着するが故に、この人生を素晴らしいものだといただけない。通夜は、このことを学ぶ場だと私は思います。

この二点は、知的に理解するというより、心の底から納得するような学びが必要です。その意味では、この二点を学ぶことは、大変難しい。また我々は、この二点をすぐ忘れてしまいます。だからこそ、通夜の場で、繰り返し学ばせていただくのです。

遺族に弔意を表し、御焼香いただきます際には、生者必滅・会者定離の理《ことわり》を味わいながら、再度、この二点を学び、良い人生に執着する自分を超えるという点を、自らに問うていただきますように。

本日は、ご苦労様でした。

3　自死した人の通夜

亡くなったという電話が寺にかかり、枕経《まくらぎょう》を勤めに伺った。

「突然のことでびっくりしました。ご病気だったのですか」

「いいえ。あの……実は、申し上げにくいのですが、自分で首をつって……」

「あっ、自死されたのですか」

「すぐに救急車が来てくれましたが、警察に通報するように言われまして。それからあれこれあって、私もう何していいのか、頭の中が真っ白です」

その翌日、通夜が営まれた。重苦しい雰囲気の中、短いお話をした。

一、通　夜

通夜にご参集いただき、ご苦労様でございます。皆様方は既にご承知だと思いますが、この方は、自死されました。奥様が最初に見つけ、救急車を呼んだけれども、既に手遅れだったそうです。

寺に居りますと、本当に様々な死に接します。

○幼児の突然死。おろおろする若い両親。その痛々しい姿に、通夜客は、声をかけるのもためらわれます。
○認知症を発症し、何も分からなくなって亡くなった方もおられた。妻を妻だと認知できなくなって亡くなった夫。その夫の棺の傍で、ひっそり座してみえる奥さん。その胸にはどんな思いが去来していたのでしょうか。
○十四歳の少年の交通事故死。両親は、魂が抜けたような姿になっておられた。次々と弔問者が来るけれども、両親は、この現実を受け止められませんでした。
○四十八歳の独身男性。勤務中にくも膜下出血で倒れ、一週間後に亡くなりました。年老いた母が、打ちのめされながら、喪主を務めた。この子を産み、育て、学校を卒業させて一人前にした。そして見送る。これが娑婆か。
○小学一年生の子どもを残して、三十六歳で病死した母親。この母は、わが子のために何とか生きようと必死に頑張った。けれども力尽きた。遺された子どもの元気さが、哀れを誘いました。この子の歩む道を優しく照らし、いつまでもいつまでも見守っていたい。この母は、そんな願いを抱く仏になったことでしょう。そんな母の気持ちを汲んで、私は、優照院という院号をつけました。

人は、まことに様々な形で亡くなっていきます。自死もその一つで、今日では決してめずらしくはありません。このような通夜に際しては、三つのことにご留意いただきますように。

（一）遺族は傷ついています。この方が自死に至った原因や状況などを遺族に尋ねることは、遺族の心の傷に塩を塗ることになります。この方がなぜ自死を選んだのか、他に方法はなかったのか、そんなことを詮索しても意味がありません。興味本位の詮索は控えていただくのが礼儀だと思います。

（二）仏教は、自死の良し悪しを問題にしません。自死はいけないことで、本人も救われないと説く宗教もあります。けれども、ここで皆さん方と自死はダメだと確認しあってもこの方が救われるわけではないし、遺族がいやされるわけでもありません。『雑阿含経《ぞうあごんきょう》』（巻三九「チャンナの自殺」）には、釈尊《しゃくそん》の弟子が病苦ゆえに自死する話が出てきます。それに関して、釈尊は良いとも悪いとも言われていません。

（三）遺族は、亡くなった方の心中をあれこれ思いやりながら、終わることのない問いを繰り返しています。どうしてあの時ダメだと言わなかったのか……、あの時あんな風に言わなければよかった……、あの時こうしておけば……、もっと早く気づいていれば……。

あれが自殺予告のサインだったのかも……、強引に病院に連れて行っておれば……。どうしても、そんな風に考えてしまいます。考えないでおこうと自分に言い聞かせても、気がつくとそんな風に考えています。

なぜこんなことになってしまったのかという問題に対する答えを見つけ、何とかこの事態を自分で納得しようとするのです。けれども、十分納得できる答えは見つかりません。答えは見つからないというのが三点目です。

では、私たちにできることは何か。それは、何とか答えを見つけて納得しようと思う自分自身を阿弥陀如来に託し、この方を浄土に迎え入れた仏様に、謝意を表することです。

仏教では、人間は死ねば、誰でも仏になると教えます。なぜなら、煩悩を捨てたからです。人間は誰でも、煩悩を捨てて仏となる。『阿弥陀経《あみだきょう》』には、ガンジス川の砂の数ほどの諸仏「恒河沙数諸仏」という言葉が、繰り返し出てきます。この方も、煩悩を捨てて、こんな諸仏の一人となるのです。

今夜はただ、生者必滅・会者定離の理をかみしめながら、「阿弥陀様、この方を浄土にお迎えいただくことでございます」という気持ちで、静かに合掌なさってください。今日のような通夜に私たちができることは、それだけだと私は思います。

本日は、ご苦労様でした。

4　老衰死した人の通夜

八十代後半になって逝った場合、確かに何らかの病気があったには違いないが、老衰という言葉がふさわしくなってきます。故人は、ほぼ天寿を全うしたと言っていい。こんな場合、家族も参列者も、比較的淡々と死の事実を受け止めているのが常です。参列者の中には世間話をする者もいる。そんなお通夜のお勤めが終わり、少し話をしました。

通夜式に参列いただき、ご苦労様です。昔の通夜は、文字通り夜を通して行いましたが、今日《こんにち》の通夜は夕方の限られた時間だけに営むものとなってしまいました。

その短時間のお通夜の席で残念に思いますのは、参列者の中に、亡くなった方とは無関係な世間話をする人がいることです。年老いたとはいえ、遺族にとっては悲しい別れです。言葉や態度にこそ出しませんが、深い悲しみを抱えている遺族が、選挙やプロ野球の話を聞いたらどんな気持ちになるでしょうか。自分が死んでお通夜が営まれている場に来た通夜客が、楽しそうにそんな世間話をしているると想像してみてください。慎むべきことだと思います。

通夜の場でしていただきたい仕事は二つあります。

第一は、亡き人の生前の姿を想い出すという仕事です。特に焼香の際には、遺影に向かいながら、「かつてあなたとこんな事をしましたね、あんな事もありましたね」と語りかける。皆さんとの新たな想い出を作れなくなってしまったこの方にとって、そんな風に自分のことを憶《おぼ》えていてくれるということは、何よりも嬉しいことではないでしょうか。「あなたは、そんなことを憶えてくれていたのか、本当にありがとうね」亡き人は、必ずこうおっしゃるに違いない。

第二は、自分の死生観を問うという仕事です。誰も死を免れることはできません。この方は、私たちよりも少しだけ早く旅立っていかれたが、近い将来、必ず私の番が来る。死んだらどうなるのか。別の世界に行くのか、他の生物に生まれ変わるのか、無に帰して終わりなのか。いったいどう考えたら、私は安心して死んでいけるだろうか。これは、死生観といいますが、この場で今一度、自分の死生観を問い直してみる。

わずかな時間ではありますが、こんな二つの仕事を各自なりになさって、通夜を終えていただきますように。

本日はご苦労様でした。

通夜は、生者必滅・会者定離を目の当たりにする場です。この理《ことわり》を頭で理解することは簡単なことです。けれども、身内の死に強く打ちのめされた時には、なかなかその現実を引き受けることができません。納得のいく答えを求めて家族は何か月もさ迷い続けます。深く傷ついたこの心が救われていくためには、納得のいく答えを求めようとする自分自身を超える教え、つまり横超他力の教えをいただくしかありません。

答えを求めてもがく自分を弥陀にゆだね、横超してそこに「浄土」が開けた時、「おかげさまで私、喜びも悲しみも、うれしさもつらさも、そして出会いも別れも、みな味わわせてもらいました」という境地が開ける。その時、亡き人は、そんな私に微笑む仏となるのです。

二、仏　葬

一、仏葬の変遷

病んだ釈尊は、自分の葬儀の方法と仏塔（ストゥーパ）の建立をアーナンダに遺言し、頭を北にして入滅。その一週間後、人々は釈尊を火葬しました。遺骨をもらい受けた八つの部族の代表者たちは、これを納める仏塔を建てました（中村元訳『ブッダ最後の旅』岩波書店）。これが仏葬の原型です。

日本でも火葬は古くからありましたが、記録に残っているのは、七〇〇年、法相宗《ほっそうしゅう》の祖である道昭《どうしょう》が最初と言われています。道昭は入唐して玄奘三蔵《げんじょうさんぞう》に師事し、六六〇年に帰国した人物です。道昭の三年後には、持統《じとう》天皇が飛鳥岡で火葬されています。

親鸞さんは、弘長《こうちょう》二（一二六二）年の冬に体調を崩し、京にあった尋有《じんう》（次弟）の善法坊で床に就いていましたが、陰暦十一月二十八日の午の時（昼）、九十歳で亡くなりました。臨終の枕辺にいたのは末娘の覚信尼《かくしんに》と尋有、そして少人数の弟子たちであったと思われます。その晩、皆は、遺体の傍で親鸞さんの生前を偲んだことでしょう。

当時の例に倣い、その翌日の夕刻、親鸞さんの遺体は善法坊を出て鴨川《かもがわ》の東の道を通り、鳥辺野《とりべの》の南にあった延仁寺《えんにんじ》に到着。その夜、皆が念仏を称える中、火葬が行われました。夜が明けるころ、火はおさまり遺骨だけが残る。身内の者と弟子たちはその遺骨を拾い、同じ山麓の鳥辺野の北の大谷《おおたに》に納骨しました。これが浄土真宗の葬儀の原型です。

当時、式と呼べるような葬式を行えたのは、超有力者たちに限られ、庶民は遺体を埋めたり、焼いたり、遺棄したりして、その処理をするだけでした。親鸞さんの場合は、遺骨を拾う人がいたということです。

中国の宋の時代に、禅宗の規範を定めた「禅苑清規《ぜんえんしんぎ》」がまとめられ、鎌倉時代の日本に伝えられました。この第七巻に、禅僧や修行僧が亡くなった際の葬儀作法が記されており、これが今日の仏葬の源流になったと言われています。

江戸時代になると、庶民も葬儀をするのが一般的になります。死亡の知らせが寺に届くと、住職がすぐ当家に出向いて枕経を勤める。その晩は、親族だけの通夜。翌日の午後、出棺勤行《しゅっかんごんぎょう》（棺前勤行）の後、棺は自宅を出、葬列を作って式場に向かう（野辺《のべ》の送《おく》り）。

そして式場で葬式が行われる。その夜、火葬（土葬）。こんな流れが、庶民の間で定着していきます。

幕府は「寺院法度《じいんはっと》（家康）」「諸宗寺院法度（家綱）」を定め、経典、儀式次第と作法、数珠の形、衣の色、仏具などに関し、各宗派は固有の「法式」を持つよう促しました。こうして幕府は、各寺院が宗派を超えて連携するのを阻止しながら、寺院全体を統制しようとしたのです。これ以降、仏葬はしだいに各宗派固有のやり方で行われるようになりました。

明治から大正にかけて、夜葬は昼葬になり、野辺送りには霊柩車やバスが用いられるようになり、棺は座棺から寝棺に変わり、喪服の色は白から黒へと変化します。さらに時代が下がると、喪主・親族以外の喪服は、和服から洋服へと変化します。そして、祭壇に故人の写真を飾るようになり、香典は米から現金へと変化し、隣近所の人々が協力して自宅で行っていた葬式は、葬儀社が会館で行うものへと変化していきます。

二、昭和初期の死と仏葬

昭和初期の仏葬は、以上のような流れの途上にあります。都市と田舎の差は大きかったのですが、庶民の葬式はほとんど自宅で営まれ、それを隣近所の人々が手伝いました。

このころの日本人の平均寿命は五十歳に満たず、死は身近なものでした。健康管理はなおざりで、誰も自分の血圧を知りませんでした。病気の多くは死に直結しており、ほとんどの人は自宅で亡くなりました。しかも比較的若く、死ぬ数時間前までは話ができるような状態で亡くなった。だから、臨終の様子を何人もの家族や親族が見ていました。

ある田舎家での臨終の様子（私の亡母から聞いた話）。

イノは冬に風呂場で倒れ、「中風だ」と言われて寝たきりになった。それから二年。寝ていた病人の様子が、今朝からどうもおかしい。食欲がまるで無い。顔色も青ざめているし手足が冷たい。医者に往診してもらうと「かなり心臓が弱っている」。そこで注射を打ってもらった。ほとんど眠っていて時々目が覚める。朝からずっと、こんな状態が続いている。語りかけると、かすかに「ああ……」と返事はする。だが明らかに呼吸が弱々しい。昼は、みそ汁を一口飲んだ。その日の夕方、カラスが変な声で鳴いていたので、胸騒ぎを覚えた娘が様子を見に行くと、病人が最後の力を振絞るように言った。

「もう逝くから……、これまで有難うね……」

そんな最後の言葉を残し、また意識が次第にうすれていく。家族に緊張が走る。誰かがあわてて医者を呼びに行く。そして皆が枕元に集まり、口々に呼びかける。

「お母さん！大丈夫？　聞こえる？」

「おい、しっかりせい」

病人はかすかに目を開けて「あぁ」と応え、わずかに口を動かした。けれども、しだいにその応答もなくなる。口を開けたまま、弱々しい呼吸だけが「はぁー、はぁー」とつらそうに続き、刻々と時間が過ぎていく。しばらくして失禁が起こった。

「あ、おもらしした」

「早く水を用意して」

誰かがタンポンと水を持ってくる。そして皆が、順にタンポンで病人の唇を湿らせてやる。末期の水です。

やがて病人は「はぁー」と息を吐き、何か言いたそうに顎《あご》を動かすが、もう息を吸うことはない。こうして自発呼吸が止み、心臓が停止すると、急に身体から生気が抜け出たような変化が起こる。これが臨終でした。

「お母さん！　お母さん！」

「よう頑張った、えらかったねえ」

「後のことは、何も心配せんでもいいぞ」

こんなふうに、亡くなった人をねぎらう言葉が交わされる。誰かが泣く。そしてしばらく沈黙の時間が流れる……。

そのころ医者が到着。病人を診察して、「ご臨終ですな。ご愁傷さまです。死亡診断書を書いておきますから、取りにきて」。医者は帰る。

誰かが、組長に知らせに行く。

しばらくすると、親族の長老（もしくは地域の世話役）が采配を振り始める。

「喪主は一郎でいいな。葬式の日取りはこれでいいか。誰か二人で寺に行ってこい。仏さん（おそうぶつ）を借りるのを忘れるな。玄関に忌中の紙を貼れ。枕飯《まくらめし》を炊け。次郎は納屋へ行って臼を倒してこい。組の者に知らせて焼き場の手配を頼め。ここのタンスを動かして式場をつくれ。宿を貸してくれと隣家に頼みに行け。坊さんの接待も頼むと言え。神棚に白紙を貼れ。仏壇の花と打敷《うちしき》を白に変えよ。床の間に名号の軸をかけよ。桶屋に棺を注文して鯨幕《くじらまく》を借りてこい。イノさんの写真を引き伸ばしてもらえ。死装束《しにしょうぞく》を縫うのは誰だ？　湯灌《ゆかん》のたらいを準備せよ。今度のお斎役は誰々だな。お斎の宿はどこそこでいいか。通夜振る舞いの準備を頼め。誰か二、三人で祭壇を組め。わしはここで紙花《しか》を作るから、分からんことがあったら聞いてくれ……」

　これで皆が動き始める。

　葬式の準備は地域の人々の共同作業でした。地域の慣習や決まり事を喪主の希望で変更することはできず、いつも通りのやり方で葬儀は進んだのです。家人のすることは、喪服を確認し、会葬者に渡す御礼の品とお布施の用意をするくらいでした。

　やがて僧侶がやってきて枕経《まくらぎょう》を勤める。その夜、身内の者によって湯灌《ゆかん》が行われ、遺体に処置（鼻腔や肛門などに綿を詰める）が施される。そして遺体は、縫い上がった死装束に改められて納棺。

　翌日の夕方から、自宅で通夜。その中身は地域によって多様でした。通夜初日は、親族だけで遺体に添い寝をする地域もありました。

当時の通夜は、日が暮れて野良仕事ができなくなったころに始まりました。来客は、夜伽見舞い（米、菓子、香など）を持参し、お悔やみの言葉を述べ、遺体の顔を拝んだ。やがて長老が導師になって『正信偈』を勤め、皆が唱和する。これが済んだ後でも、一人で読経する人がいたり、詩吟をする人がいたり、数人が御詠歌《ごえいか》をあげたり、葬家に準備された定番の料理で一杯飲む人もいました。これを通夜振る舞いと称しました。すぐに帰る人もおれば、飲んで長居する人もいたのです。

その翌日、参加者は宿（隣の家）で早めのお斎《とき》（昼食）をすませる。間もなく僧侶による出棺勤行。その後、棺は自宅の縁側から外に出される。親族はそれぞれ葬儀用の仏具を持ち、棺を中心に行列して式場（斎場、三昧場、寺など）に向かいました（野辺送り）。式場で僧侶は、宗派の式次第にのっとって葬儀を執行。その後、遺体は親族の見守る中、顔見知りの組の人の手で火葬（土葬）されました。その処理が終わると、人々は「これであの人も行く所へ行った」と受け止めたのです。

誰もがそれを自然なことと思っていました。だから人々は、自分もその番が来たら、こんな風に処理されていくのだと、肌で感じ取れた。こんなふうに死に接してきた人々にとって、死は本当に身近なものでした。

三、浄土真宗の葬式

仏葬の多くは、死者を浄土に送り出す一連の儀式から成り立っています。多くの宗派に共通するのは、亡き人に戒名を与えて仏弟子にし、引導を渡して浄土に送り出す点です。葬儀式を終えた僧侶から「これで故人はこの世を離れ、浄土に旅立たれました」などと説明されると、親族は未練が断ち切られ、死を受け入れるのも事実です。

ところが親鸞さんを祖師とする浄土真宗は、これとは大きく異なった考え方をします。浄土真宗では、生前に信心を獲ることが肝要です。阿弥陀如来は、この自分を決して見捨てず、必ず浄土に往生させてくださる。この信心を獲た人が亡くなれば、その人は、他の生物に転生《てんしょう》したり幽霊になったりすることなく、ただちに浄土に往生します。だから死は、本来は〈おめでたいこと〉であり、当人は安心して死んでいけばよいのです。

もちろん、臨終や葬儀の際に弥陀や菩薩の来迎《らいごう》を願う必要は無い。引導《いんどう》を渡して死者を送り出す儀式も必要ない。「お前はもう死んだのだよ」「三途《さんず》の川をうまく渡してもらえよ」「迷わずに行けよ」「浄土はこんな所だぞ」などと諭す必要は無いのです。

では、残った遺体を、どう弔えばいいか。

こんな問いを受けて、親鸞さんはこう答えた。

「某《それがし》 親鸞 閉眼せば、賀茂河《かもがわ》にいれて魚にあたうべし」（覚如著『改邪鈔』）

衝撃的な答えです。親鸞さんは、それで十分だと思っていたのでしょうね。親鸞さんは、葬送よりも信心獲得を第一にせよと言いたかったのです。自分親鸞は、九歳で出家得度してから八十年に渡って仏道を歩んできたが、それは、阿弥陀如来がこの親鸞一人を救わんとしていることとの確証を得る歩みであった。皆さんもそんな道を歩んでほしい。遺体なぞは、皆さんの好きにしたらいい。これが親鸞さんの願いであったことでしょう。

けれども、遺された者たちにとっては、自分たちの親族であり師でもあった親鸞さんを川に捨てるということは、とてもできないことでした。一同はその遺体を延仁寺に運んで荼毘に付した。親鸞さんを涅槃の浄土に迎え入れた弥陀に感謝し、燃えていく遺体に今生の別れを告げたということです。これが浄土真宗の葬式の基本です。

さて、信心が獲得できた人は、死後ただちに極楽浄土に往生する。ではそうでない人はどうなるのか。自分はとても浄土に往生するような器ではないと自覚している人は、どうなるのか。

ある男が源左（在家の篤信者で妙好人《みょうこうにん》と呼ばれる）にこう言った。「あんたは極楽行だが、わしゃ地獄行だ」と。源左はすぐ答えた、「地獄行なら丁度ええ、お前が極楽行だと阿弥陀さんはすることがない。地獄行だと皆助けると親さん（弥陀）は言っておられる」と。（『柳宗悦　妙好人論集』二一八頁。岩波文庫）

信心が獲得できていないと自覚している人々は、安心を得て日々を過ごすことは難しい。けれども「わしゃ地獄行だ」という自覚のある人は、必ず浄土に往生するということです。ですからこんな人の場合の葬儀も、この人を浄土に迎えた阿弥陀如来に感謝し、遺体に今生の別れを告げる式になります。

浄土真宗の葬式は、命終者を浄土に招き入れた弥陀に感謝し、人生を共に歩んだこの身体に今生の別れを告げる式、つまり人生の卒業式です。浄土真宗ではこの式を『正信偈』と和讃を読むという形で行い、皆で親鸞さんの教えをいただくのです。

「仏葬は、故人の魂を浄土に送り出す儀式でしょ」

そう言われることがあります。事実、そのような考えに立つ宗派もあります。けれども仏教の開祖である釈尊は、魂はあるとも無いとも言わず、死後の魂にも言及せず、ただ存命中の覚りだけを問題にしました。

この覚りを、とても存命中には得られないと自覚した親鸞さんは、念仏による死後の浄土往生という法然上人《ほうねんしょうにん》の教えを受け継ぎましたが、全著作中、霊や魂という語を一つも使っておりません。親鸞さんは、霊や魂をまったく問題にしていないのです。

親鸞さんはこう説きます。死ぬまで煩悩《ぼんのう》を捨てきれない我々は、むしろその煩悩を縁とし、阿弥陀如来の本願を因として、今の自分を横様《よこさま》に超える（横超《おうちょう》する）ことが大事なのだと。自分を横様に超えた時、安心を得た人が誕生します。この体験をした人にとっては、霊や魂はあっても無くてもよいのです。

人は様々な亡くなり方をします。大往生、急死、早逝、自死、認知症の果てに……。亡くなった人を我々はどうすることもできません。その身体に今生の別れをし、阿弥陀如来にすべてをお任せするだけです。「阿弥陀様、この人を涅槃の浄土にお迎えいただくことです」、そんな思いで合掌・念仏するだけです。

だがその時、ふと思います。問題は死後ではない。今だ。阿弥陀如来を拠り所にこの自分を横様に超え、今現在に往生を遂げる道がある。浄土真宗の葬式は、『正信偈』を読誦《どくじゅ》しながらこのことを今一度学び直す場だ。私はそう思っています。

三、初七日

一、中陰法要

火葬が終わると収骨《しゅうこつ》。その後、遺族は葬祭会館に戻る。そこで還骨《かんこつ》・初七日《しょなのか》法要を勤める。これらが終わった時点でのお話。

お疲れ様でした。初七日法要はこれで終了ですが、今後の中陰《ちゅういん》法要に関する基本的なお話をさせていただきます。

太郎さんの命日をカレンダーで一と押さえ、二、三、四と数えていって七に当たる日が、本来の初七日の当たり日ということになります。さらに七日経つと二七日。さらに七日経つと三七日、四七日、五七日、六七日そして七七日。これが四十九日で満中陰と呼ばれ、この法要を終えた翌日に忌明けする。これが中陰法要の基本的な流れです。

最近の初七日法要は、火葬後、お骨を中陰壇《ちゅういんだん》に安置して、還骨と初七日法要を併せて勤めることが多くなりました。当家でもそうなさったわけですが、今日《こんにち》ではどこでも、このやり方だと思います。

その後の二七日から六七日をどのように勤めるか。昔は、欠くべからざるものとして、親族はもちろん組の人々までもが、夕方に集まって勤めました。けれども今は様々です。親族のほとんどが遠隔地に住んでいるような場合には、集まりにくくなります。初七日法要の後で、今後どのように勤めるかを親族で相談して決めるのがよいと思います。七日ごとに皆が集まることが難しければ、日を決めて、できる限りその日は皆で集まって故人を偲び、『正信偈』を勤めて親鸞さんの教えにふれていただきたいと思います。

『般若心経《はんにゃしんぎょう》』でもいいですかと聞かれることがあります。『般若心経』の要は、「照見《しょうけん》五蘊皆空《ごうんかいくう》（五蘊は皆空なりと照見す）」つまり、観自在菩薩《かんじざいぼさつ》（観音という修行者）が般若の修行をした結果、一切のもの（五蘊）は実体が無い（空）ということを照見して覚りを得たと説くお経です。高度すぎて凡人には会得《えとく》できないと言ってもいいでしょうね。

故人は煩悩を捨てて浄土に往生《おうじょう》・成仏《じょうぶつ》したのですから、成仏した人に覚りを勧める必要はないし、自分が会得できない教えならば、なぜこれを勤めるのか。そう考えると、浄土真宗にはふさわしくないということは、すぐに分かると思います。

葬祭会館で初七日を営み、自宅に戻りますと、仏壇横の床の間に、中陰壇が設けられています。床の間の軸は南無阿弥陀仏と書かれた名号軸。中陰壇の上には、写真、白木《しらき》の位牌《いはい》、遺骨、蠟燭、香炉、花瓶などが置かれます。

葬儀後しばらくしますと、「お亡くなりになったということをまったく知らず、葬儀にも参列できなくて、本当に失礼しました」という弔問客がぽつぽつ現れます。家人はその客を中陰壇のところに案内し、焼香してもらうことになります。ですから、忌明けが済むまでは、中陰壇を置いておかねばなりません。一人暮らしの老人が亡くなった場合、中陰壇をどこに置くかは難しいところですが、人が集い、お勤めが行われる場所に置くようにしたいものです。

これから勤めていく中陰法要。その歴史は古く、文武天皇（六八二〜七〇七）が亡くなった時「初七から七七に至るまで斎を設けた」という記録が『続日本紀』に見られます。このころから長い時間をかけて日本に定着した中陰法要ですが、これには、相異なるいくつかの考えが混在しています。
（一）忌――日本の民族宗教（神道）には、穢《けが》れを忌《い》むという考えがあります。

葬式の場合の忌とは「死者と共に居た私たちは穢れておりますので、皆さま方と触れ合うことは差し控えさせていただきます」という意味になります。かつて玄関先に張った忌中の札、学校や会社を休む際の忌引などは、このような意味で用いられます。穢れが払われる忌明けまでは、人前には出られないと考えるわけです。

（一）霊――人間が死ぬと、やがてその肉体から霊が離れるという考えがあります。

この死霊は、空中を浮遊し、何かに取り付き、いくつにも分裂し、死んだ場所にこだわり、恐ろしい祟りをもたらすことがある。このような観念は、太古から日本民族の心の底を流れています。事故死の現場に花を手向けたり地蔵を建てたりするのも、こんな観念に基づいています。

（二）中陰――古代のインドには、死んだ生物の魂が別の生物に生れ変る〈輪廻〉という考えがいくつかありました。

これらを、大乗仏教の教学者である世親《せしん》は、『倶舎論《くしゃろん》』という書物の中で紹介しています。この考えに基づいて、故人の魂は、死から別の生物に生まれ変わる途上にあると解されるようになったのです。生れ変りの途上が中陰（中有）です。

（四）『十王経《じゅうおうきょう》』――中陰の間、死者は十王の裁きを受けるという考えがあります。

善人であれば、死者はただちに極楽浄土に往生する。極悪人であれば、地獄に堕ちる。その中間の者は、死出の旅に赴きます。その途上で死者は、七日毎に裁きを受ける。さらに百か日、一周忌、三回忌と裁きを受け、すべてを無事通過できれば極楽浄土に往生する。けれども、閻魔《えんま》大王をはじめ十人の王の裁きは厳しい。もしかすると、途中で地獄行になるかもしれない。そこで、その裁判が始まる前に、遺族が亡き人のために追善供養《ついぜんくよう》をする。そうすると十王が裁きを手加減してくれるという。これが『十王経』の考え方です。インド起源の中有が、中国でこんな風に変化・発展したのです。これはワイロですね。いかにも中国風です。

『十王経』は、唐の時代に作られた偽經ですが、これをもとに、日本でも同様の経が作られ、民間に広まりました。

(五)葬に関連した、様々な因習と忌言葉があります。

○寺に葬式を頼みに行く時は、必ず二人で行く。

○納屋にある臼は、横に倒しておく。

○遺体の枕元には、箸を刺した一善飯(枕飯)を供える。

○葬式は、友引の日には出さない。

○出棺の際、棺は玄関とは別の所（仮門）から出す。
○出棺時には、故人の使っていた茶碗を割る。
○出棺時には、わら火を焚く。
○出棺したら、棺を左に三回まわす。
○火葬場へ行く道と帰り道は別の道を通る。
○火葬場から戻って自宅に入る時は、塩で清める。
○中陰中、蠟燭や線香は絶やしてはいけない。
○中陰中の線香は、一本だけ立てる。
○四十九日は、三月にわたってはいけない。

まだまだいくらでもあります。それぞれに、たわいもない理由付けがしてあります。親鸞さんに始まる浄土真宗は、この種の因習や迷信にこだわりません。方角や良時吉日や忌にこだわりません。浄土真宗には、喪も忌も霊もないのです。親鸞さんの著作には、忌という字はまったく使われていません。「喪中欠礼」「忌引」「何回忌」「霊柩車」などが、世間で広く使われているために、浄土真宗もそれに倣っているだけです。亡くなった人は、阿弥陀如来の浄土へと往生し、諸仏の一人になっておられる。そう受け取るだけです。

ですから、様々な慶事を予定していたのであれば、たとえ中陰中であっても、ためらいなくそれを行うことです。一家にとっての慶事なら、かつて家族の一員であった亡き人も喜んでくれるはずです。

中陰のお勤めは、教えに会わせていただくために勤める。そう受け止めてください。煩悩を捨てて諸仏の一人となった故人が、私たちに尊い仏縁をもたらそうとしている。そう受け止めれば、中陰法要は大事です。

二、喪を尽くす

長いようですぐ来る忌明けです。この四十九日間は、自分なりに喪を尽くす（十分に悲しみ、心の整理をつける）という気持ちで過ごすのがよいと思います。

喪の尽くし方は、様々です。年賀状の喪中欠礼もその一つです（浄土真宗の場合、浄土往生は慶事ですので、年賀状を出してもかまいません）。肉魚を避けて精進するというのもその一つです（肉食妻帯《にくじきさいたい》をうたう浄土真宗の場合、精進は宗旨と合いません）。慶事や行楽を差し控える。これは先ほど言った通りです。

私は昔、両親の葬式をして思いました。現代人にとって最もいい喪の尽くし方は、次の三つのどれかをすることでしょうね。

（一）故人に感謝する

つらつら考えてみるに、この人がいなければ、今日の自分は存在すらしていなかった。ずいぶん支えてもらった。心配もかけた。迷惑もかけた。今ではそれをみな忘れて平然と生きていた。そう深く思い至って、故人に「これまで本当に有り難うございました」と心底からつぶやく。こんな心の仕事をする、これが一つです。

（二）故人に密かに謝る

故人に感謝するとは言っても、お互い人間ですから、長く接している間に一度や二度はかなりカチンとくることもあったと思います。あの一言は今でも許せない。そんな気持ちがまだ尾を引いているなら、自分の方から折れて「あの時は、私も我を張って悪かった」「あなたも譲れなかったんだね」「自分の力不足を棚に上げて悪かった」などと、密かに謝ることです。実際に謝ってみると、ずいぶん心が軽くなりますよ。

(三)故人の死を悼《いた》んで涙を流す

そして一番いい喪の尽くし方。それは、忌明けを迎えるまでのどこかの時点で、この人の死を悼んで、ひとり静かに涙を流すということですね。そんな涙が流れる時、この方は浄土できっと優しく微笑んでくださることだと思います。

こんな三つのどれか、もしくは全部を、忌明けまでに行えたら、それが一番いい形で喪を尽くすことになる。私はそう思っています。

しかし、さらに大切なことがある。自分は、何とか元気にこの葬式を取り仕切ったが、今度は自分の番だ。自分も程なくこの世を去る時が来る。その時、自分はすべてを阿弥陀如来に任せ、謝念を抱いて死んでいけるかどうか。この点を吟味し直すという仕事です。

身近な人の死という仏縁をいただいて、自分の死生観を問う。この仕事が着実に果たされていくならば、いつか必ず、自我を生きながら自我を超える横超が生じます。その時初めて、如来大悲の恩徳に報いたいという謝念の気持ちが湧き出るのだと思います。

四、忌明け

一、忌明けの法要

忌明《きあ》け当日の仏壇のお飾りは、白一色のままです。つまり、蠟燭は白、打ち敷きは白、仏花は白です。法要が済んで忌明けすると、お飾りは色物になります。

浄土真宗では、中陰中は忌むべき期間ではありませんが、故人に対する弔意という意味で、仏壇のお飾りは白にしてある。そう受け取ってください。自宅で法要を勤める場合、住職はお仏壇の前で読経しますので、その間に、参加者は焼香をしていただくといいですね。

この法要は、これまでは自宅で営む方が多かったようですが、駐車場、部屋の広さ、正座などの問題があり、寺や会館で営む方が多くなりました。どこで勤めても構わないと思います。

これまでたくさんの忌明け法要を勤めてきて、本当に残念に思うこと、それは、法事の後の会食中の話題です。住職のお話は、ほとんど話題になりません。故人に関する話もほとんど出ません。参加者は、隣の人と世間話をしています。こんな形で終わると本当に悲しい。せめて故人の思い出話が出れば、親族は救われます。そのためには、誰かが司会進行をするといい。だから事前に、ちょっと打ち合わせをする必要がありますね。

法要と会食が終わり、中陰壇を片づける。葬儀社に連絡しますと、すべて持って行ってくれます。すると急に、あの人はもういないという感が強くなります。

この前後によく問われるいくつかの事柄についてふれておきましょう。

二、位　牌

どの宗派の葬儀でも、白木の位牌《いはい》が祭壇に置かれます。四十九日の忌明け法要を済ませると、多くの宗派では、この位牌を漆塗りの本位牌に替え、仏壇内に安置します。

真宗各派では、位牌は儒礼の習俗に由来するので用いず、法名軸《ほうみょうじく》や過去帳《かこちょう》を用いると説明しています。けれども今日、位牌は広く用いられていますし、真宗高田派は塗の本位牌を用いています。

牌とは、木切れの札という意味。ですから位牌に関しては、これを法名牌だと受け取れば、それで済むことだと思います。ちなみに、鏡餅は神道由来と考えるのが自然ですが、仏教各宗派で飾られています。また仏教では霊について論じることはありませんが、どの宗派でも葬儀には霊柩車を用いていますよ。

三、不祝儀袋

世間では、四十九日目以前の法要の際に差し出す不祝儀《ぶしゅうぎ》袋には「御霊前」、それ以降は「御仏前」と表書きする。そう解されています。多くの人が、故人の霊魂は忌明けを境に家を離れ、仏になったと受け止めるからです。

けれども、命終すれば浄土に往生すると受け止める浄土真宗には、霊魂という考えはありません。ですからいつでも「御仏前」もしくは「御香儀」。そして御供え物には「御仏前」「お供え」などと書きます。僧侶に対して出す場合は「志」「御布施」「御法礼」がいいでしょう。

四、写　真

一昔前の田舎では、葬式で用いた故人の写真は、仏間の長押《なげし》に飾っていました。けれども今日では、間取りが変化したためか、あまり見かけません。また、たとえ縮小した写真であっても、これを仏壇内には入れません。どこかに仕舞い込む例が大半です。亡夫の写真を絵皿に転写して、ピアノの上に飾っておられる方がいましたが、これはしゃれていますね。各自、工夫してみてください。

五、お骨

火葬後のお骨。関東方面では、骨全部を大きな容器に納めて持ち帰り、関西や北陸方面では、部分骨を少々と「お舎利様《しゃりさま》」を別箱に納めて持ち帰る場合が多いようです。これらのお骨は、忌明けを境に墓に納めることになります。

「お舎利様」は、俗にのど仏の骨と言われますが、のど仏は軟骨なので、火葬すると燃え尽きてしまいます。この「お舎利様」は、頸椎《けいつい》二番目の骨ですね。その形が、座した釈尊に似ていることから、そう呼ばれるようになりました。「お舎利様」は、頭と体を繋ぐ要《かなめ》の骨ということで、故人のお骨全体を象徴した骨と見ることができます。このお骨を納めた墓が、故人の墓となります。

「お舎利様」以外の残りのお骨は分骨用。便宜的にそう考えるといいと思います。分骨しないのであれば、全部一緒に墓に納めることになります。

納骨の時期は、基本的には、忌明け法要後ですが、全国的に見ると早い遅いがあります。

早い所では火葬後すぐに、多くは忌明けの法要、一周忌、三回忌の後に、遅い所ではさらに何年か後の年忌の後に、納骨しています。いつ納骨しなければならないという決まりはありません。心の整理がついた時に、納骨すればいいでしょう。

また納骨に際して、「この人のお骨をウチの墓には入れてほしくない」「この人と一緒に眠り続けるなんて、真っ平御免だ」などと言う方がみえます。けれども、お骨になれば、もう互いに争うこともありません。お骨になってからも意地を張り続けるのは滑稽ですね。

近年は、家の当主が代々その地に住み続け墓を維持するということが、難しくなりました。墓の継承者が遠隔地に住んでいるということも多くなりました。そこで、墓を処分し、別の納骨方法をとるという動きが起こっています。海や山に散骨する。共同墓や納骨堂を利用する。樹木葬、手元供養、その他、多くの方法があります。これらに関しては、たくさんの業者をネットで見つけることができますので、ご希望でしたら、そんな方向で考えるのもいいでしょう。

親鸞さんは、「自分が死んだら鴨川に捨てて魚に与えよ」と言われました。つまり、骨や墓に関して云々することよりも、仏法を聴聞し横超を体験することが大事。そんな姿勢に立っておられました。ですから、故人のお骨は、皆さんで好きなようにしたらいい。これが、骨に関する浄土真宗の基本的な考え方です。

五、死生観

一、日本人の死生観

私は、死んだらどうなっていくのか。どう考えたら安心して死ねるのか。いずれ死を迎える私は、この今をどう生きるべきか。この、生死に対する考え方を、死生観といいます。

日本の葬式の九割は仏葬です。けれども斎場で火葬が始まると、日本人の多くは「あの人は、とうとう天国へ旅立った」と受け止めます。

元気な傍観者は「死んだらしまい」とつぶやきます。

しばらく経つと、親族は「あの人はどこかで私を見守っていてくれる」と思います。

法事に行けば「あの人は位牌に宿っていてこっちを見ている」と受け止める。

墓参りに行けば、墓の中で眠っていると考える。「私のお墓の前で泣かないでください。そこに私はいません、眠ってなんかいません」と歌った人もいました。

事故死のような場合には、事故現場に花を供えたり、地蔵を建てたりもします。そこに留まる霊魂の無念さを慰めているかのようです。

昔の人は、亡き人は「草葉の陰」にいると受け止めました。

先祖たちの元に帰ったと言う人もいました。

「あの人は、今ごろどうしているのか」と、死者の近況に思いを馳せることもあります。

このように死生観は、時代によって、文化によって、年齢によって、置かれた境遇によって、様々に変化していきます。現代の日本人は、さほど死を意識してはおらず、ピンピンコロリが理想だと公言してはばかりません。けれども、自分に死の刃が突きつけられたり、親しい人が感銘深い亡くなり方をしたりすると、多くの日本人は、今一度自分の死生観を吟味してみようとします。

自分は死んだらどうなるのか。ふだんは漠然としている死生観を吟味してみると、有力な日本人の死生観として、次の三つが浮かび上がります。

1　死んだらしまい

あの世、天国、浄土などは宗教が説く幻想だ。地獄なぞあるわけがない。死ねばすべて無に帰する。魂なぞ存在しない。幽霊も幻覚だ。だから、元気なうちにやれることをして悔いの無いように生き、コロッと死ねば本望だ。

このように考える日本人は多いと思います。

でもこんな人は、自分が死ぬとは思っていません。本当に大切な人を失って打ちのめされている人は、こうは考えません。こんな人は、自分が死ねば、それで終りだが、先に逝った親しい人は、どこかで自分を見守っていてくれるという、矛盾した考えを持っています。そして現実に自分に死の刃が突きつけられると「死んだらしまい」という考えを受け入れられず、じたばたともがき苦しみます。これは、しっかりした死生観を持たない人の無責任な死生観ということになるでしょうね。

2　死んだら天国に行く

今日の日本人の多くは、ごく自然に、死んだら天国に行くと考えます。天国とは、あの世、つまり死者の世界のことです。死んだらあの世に行くというのは、本当に自然な考え方で、気がつくとそんな風に考えているのです。これは、「死んだらしまい」というよりは、温かな考え方だと思います。けれども、その中身があいまいですから、この考えを進めていくと次々と矛盾が生じてくる。そんな難点があります。

私は、何年か前に癌の告知を受けました。その時思いました。

私が死んで、あの世に行ったら、先に九十三歳で死んだ父親に会うだろうなあ。その父親が、「これからという時に、学校に行っている四人の子供を残して死ぬとは、お前も愚かなヤツだなあ。なぜもっと身体を大事にしなかったのか」、こう悲しそうに言ったら、私は何と返事したものかなあ……。

そう思ったら、自分でも泣けてきました。

だが待てよ。父親は、最晩年は車椅子だった。すると、あの世でも車椅子に乗っているのかな。それは変だ。では元気でスタスタ歩いて出てくるのかな。それも変だ。あの世では、年を取るのかどうか。取るのも変だし、取らないのも変だ。こんな風に考えていくと、どうしても矛盾が生じてきます。

死ねば地獄や極楽に行くと想像された時代もありました。源信《げんしん》は『往生要集《おうじょうようしゅう》』の中で、地獄はこの世界の地下深くにあると説いています。けれども、地球の構造が知られている今日では、その実在を信じる人は誰もいません。『無量寿経《むりょうじゅきょう》』や『阿弥陀経《あみだきょう》』は、ここから西方のはるか彼方に極楽浄土があると説いています。あの世とは極楽浄土なのだ、そう受け取ることはできます。けれども地球が自転していると考えた場合、南北の方向ははっきりしますが、西の方向は定まりません。

3　別の姿に生まれ変わる

特攻隊の基地だった場所（鹿児島県南九州市知覧町郡）に、特攻平和会館が建っています。かつてここに行った時、こんな話を聞きました。

ある日、特攻隊員（宮川軍曹）が「自分が死んだら蛍《ほたる》になって帰ってくる」と皆に言い残して出撃し、ついに帰還しなかった。ところがその日の夜、一匹の大きな源氏蛍が尾を光らせながらすうーっと富屋食堂（軍指定の食堂）に入ってきた。そして暗い店の中央の天井の梁にとまり、明るく光を放った。

「あいつ、やはり蛍になって帰ってきた！」

隊員たちは感極まり、「貴様と俺とは同期の桜〜」と熱唱したそうです。

これと似たような話を、妻を亡くした方から聞いたことがありました。

妻が亡くなって何日か経った日、仏間の障子に小さな蝶が止まっていた。

「家内が帰ってきたのだ！」

そう思ってそっとしておいたら、次の日に仏壇の前に落ちて死んでいた。「これはやはり家内が帰ってきて力尽きたに違いない。そう思って、蝶を透明のパックに入れ、仏壇に供えてやりました」。そんな話でした。

確かに帰ってきたのが蛍や蝶ならいい。「お前、こんな姿になってよくぞ帰ってきてくれた」と感激し、熱い涙がこぼれます。けれども、もしこれがゴキブリだったらどうでしょうか。あの生物ならよくて、この生物はだめというのは矛盾していますね。

これら以外にも、様々な死生観があります。

○自分が死んでも、自分の遺伝子はずっと先まで受け継がれていく。
○自分の作品は、末永く人々に愛されていくことだろう。
○先に死んだあの子と再開できる。
○永遠の眠りにつく。
○したいことをして死ぬだけだ。
○人間は二度死ぬ。まず生物学的に、次に人から忘れ去られて、死ぬ。

日本人は、以上のような漠然とした考えを抱いていますが、明快な死生観を持ってはいません。確かな死生観を持っていたとしても、それは年齢によって変化していきます。以上のような状況を踏まえた場合、浄土真宗は、現代の日本人に対してどのような死生観を提示すべきでしょうか。

二、仏教的死生観

仏教的死生観をやさしく語った作品に『葉っぱのフレディ』という絵本があります。これは、絵本ではありますが、おとなが読んでも読みごたえがあります。
大木のこずえに芽吹いた葉っぱのフレディが、皆と一緒に大きくなり、夏の陽射しを楽しんでいたけれども、秋になって紅葉し、霜におそわれ、散っていく話です。その話は、私たちの人生と重なり合います。

冬を迎えた時、フレディは疑問を抱いた。葉っぱも死ぬ。木も死ぬ。そうなると、春に生まれて冬に死んでしまう自分の一生にはどういう意味があるのだろうか。フレディは親友のダニエルにたずねます。

「ねえ　ダニエル。ぼくは生まれてきてよかったのだろうか」

ダニエルはこれに深くうなずいてくれた。そして淡々と質問に答えてくれた。そのダニエルも、その日の夕方に旅立ち、フレディはたった一人になります。そして次の初雪の朝、フレディは痛がりもせず、こわがりもせず、迎えの風に乗って枝から離れ、空中にしばらく舞ってから地面へ降りていきます。降りたところは雪の上でした。そこでフレディは目を閉じ、眠りに入りました。

その後、自分が最終的にどうなっていくのか、フレディは知りません。けれども読者にとっては、フレディがそれまで怖いと思っていた死を、すこしもジタバタすることなく淡々と受け入れていく姿が印象的です。フレディは、生者必滅、諸行無常を地でいった感があります。これがアメリカ人（レオ・バスカーリア）の理解した仏教的死生観です。それは、キリスト教の説く死生観（神を信じた魂は、死後、天国に召される）とは大きく異なります。

アメリカ人をはじめ、多くの国の人々がフレディから深い示唆をえました。しかし、このようなあまりにも淡々とした死生観は、理解不能ではありませんが、日本人にはなじまないと思われます。だからこの本の訳者（みらいなな）も、フレディの問いやダニエルの答えの部分は、原文の意味を少々変えて訳していますね。

三、浄土真宗の死生観

先日、ある女性が、亡くなりました。法話を聴きに自坊に来てくださったこともある女性でした。転勤族の夫に連れ添い、最後に当地に落ち着いてからは、民話語り、気功教室、介護のボランティア。ところが末期の癌が見つかった。それから一年半は、自宅の二階で窓を開け放して読書。その生活がついに終わりました。
通夜・葬儀の際には、会葬御礼状が配られますね。この時は、それと一緒に、本人自筆の文章のコピーが添えられていました。

大好きな皆様に
お別れの日がまいりました
大好きな家族と　大好きな皆様の大きな愛に包まれてとても幸せでした。
頂いた命を一日一日大切に、喜びと感謝をもって過ごすことができました。
　いつも支えて下さってありがとう
　いつも励まして下さってありがとう
　いつも祈って下さってありがとう
そして一緒に泣いてくださってありがとう
今、身体から解放され、自由になります。そして新たな世界に出発する喜びでいっぱいです。
皆様　今までありがとうございました

そして　お先に!!

律　子（平成二五年五月四日。享年六五歳）

この方は、人々に深い謝念を抱きながら、喜びとともに生涯を閉じていかれた。その姿は、ただ淡々と死を受け入れたフレディよりもはるかに感銘深い。

人間は、決して一人では生きられません。これまで自分が生きてこられたのは、父母をはじめ、多くの人々の支えがあったからです。多くの生物がその命を落とし、食べ物となって自分を支えてくれたからです。そんな人々や命に深く感謝する。そして、生まれた以上、いつかは必ず死ぬことになるが、たとえどのような最後を迎えることになっても、本当に有り難い人生を生かさせてもらったという深い謝念に行き着く。その時、人間は初めて、自分の人生に素直にピリオドを打つことができるのだと思います。

では親鸞さんの最期はどうだったでしょうか。

本願寺第三世の覚如《かくにょ》は次のように記しています。

聖人弘長二歳《こうちょうにさい》（一二六二年）仲冬《ちゅうとう》下旬の候より、いささか不例の気まします。自爾《それより》以来《このかた》、口に世事をまじえず、ただ仏恩のふかきことをのぶ。声に余言をあらわさず、もっぱら称名たゆることなし。しこうして同《おなじき》第八日午時《うまのとき》、頭北面西右脇に臥し給いて、ついに念仏の息たえましましおわりぬ。(『御伝鈔』)

つまり、死の床についた親鸞さんは、世俗的なことを言われなくなり、ただ仏恩の深いことだけを言われ、念仏しながら亡くなったということです。親鸞さん晩年の和讃(『正像末和讃』)にはこうある。

如来大悲の恩徳は　身を粉にしても報ずべし
師主知識の恩徳も　ほねをくだきても謝すべし

この和讃から、晩年の親鸞さんは二つの気持ちを強く持たれていたことが知られます。
(一)この愚かな親鸞を、必ず救うとお誓いくださった、阿弥陀如来の恩徳に報いたい。
(二)救いの教えを今の自分に伝えてくださった、釈尊や諸先輩に深く感謝したい。
現代の日本人の多くは、突然突きつけられた死の刃に対応できず、初めはおろおろして強い不安に苛まれます。そして、どう考えたら死を受け入れられるか、必死に思案します。けれども最後には、親鸞さんと同じ境地に落ち着きたい。

「阿弥陀如来の仕事は、この私を救うことだ。だから私は、何も心配せず、今日一日を精一杯生きさせてもらいます。そしてその時が来たら、仏様にすべてをおまかせいたします。皆さま、これまで大変お世話になり、本当に有り難うございました」

これが、浄土真宗の死生観です。

ただ、この死生観を自分のものにするということ。余命を告知され、死に直面した時、何も心配せずただ死んでいけるということ。これが大事です。そのためには、阿弥陀如来に自分を託すことで迷う自分を超えるという、横超の体験をする必要があります。

六、配偶者との死別

一、死別を受け入れる努力

配偶者と連れ添っていけば、いつかはその人と死別することになります。私は僧侶として、そんな葬式を数多く経験しました。

最も若かったのは、二十六歳の妻のケースでした。朝、目が覚めたら、同い年の夫が隣で亡くなっていたそうです。検死には時間がかかりました。葬式の当日は晴天で、桜は満開。葬式が終わって出棺。明るい日差しの中、霊柩車に棺が納められる。その傍で、黒の喪服を着た若い奥さんが、真っ白なベビー服の赤ちゃんを両腕に抱き呆然と立っていた光景を、昨日のことのように思い起こします。

最も高齢だったのは、九十三歳の妻が夫を送ったケースでした。入所していた施設から車椅子で葬式に参列した老妻は、隣の人に大きな声で「ご飯はまだか」と何度も聞いておられました。

ごく普通の流れとしていえば、葬儀・初七日を終えた住職が再度家人と会うのは、翌日の寺参りの時。あるいは中陰の当たり日や忌明けの時です。その時、配偶者を亡くした多くの方が、三つのことを言われます。

（一）無気力

何もする気がしなくなってしまった。これまで毎日のように病院に通い、あれこれ世話もしてきた。緊張の糸がピンと張っていた。でもそれがプツンと切れた。あの人は、今でも病院のあの部屋にいるような気がする。けれども、もういない。私、心に穴があいたみたいで、何にもする気が起こらない。

（二）孤独感

あの人とは何十年も連れ添ってきた。「あの時あそこでこんなことがあったよねー」と言っただけで、「そうそう。そしてコレコレだった！　びっくりしたねえー」などと反応してくれる人がいない。子どもや孫に言ってみるけれど、「あ、それもう聞いた」で終わり。「孫の世話で忙しいから気がまぎれていいでしょ」なんて娘に言われるけれど、私には、人生を共有してくれた人がもういない。息子や娘たちの世界には入っていけない。私は孤独だ。

しかたがないので遺影に向かって話しかける。精一杯自分の気持ちを話すけれど、もちろん何の反応もない。だから自分の気が済んだらやめるけれど、またそれの繰り返し。前向きにならねばと思うけれども、なかなか踏ん切りがつかない。

(三) 体調がすぐれない

夜、なかなか寝付けない。胃の裏あたりがどうも気になる。これは家内と同じ症状の始まりではないか。病院で検査を受けようか。

病院で検査を受け、先生の話を聞いたが、どうも納得できない。胃の薬も効き目がない。そういえば、家内も胃の薬を飲んでも効かないと言っていた。別の病院で診てもらった方がいいな。こうして病院めぐりが始まります。

配偶者を亡くしたかなりの人が、こんな三つのことを訴えながら、死別という事実を何とか受け入れようと、もがき続けるのです。以下に紹介するのは、少し昔のことになりますが、私が実際に体験したり、ご本人から聞いたりした話です。

二、それぞれの別れ

1　癌で逝った妻

昔、Ｗさんの奥さんは乳癌になった。比較的発見が早く、これなら手術で治ると医者に言われ、乳房全摘出の手術を受けた。その後しばらくは元気でいたけれども、骨に転移していることが分かり、抗癌剤の治療を受けた。治療が終わり、退院して二年ほどは元気に過ごしていたが、再発。また抗癌剤。そんな生活を十年弱送って、亡くなってしまった。親族も友人も、Ｗ夫人が癌だということはよく知っていた。だから、通夜、葬儀の時は、皆そこそこ落ち着いていた。

それから一月半ほど経って、忌明けの日を迎えた。ところがその数日前、当時横綱だった千代の富士が、突然「気力、体力の限界だ」と告白し、場所中に引退していた。忌明けの法要が終わり、住職の話も終わり、会食が始まるまでに束の間の空き時間があった。その時、話題に事欠いた誰かが千代の富士の話をした。そうしたら皆が相撲の話を始めてしまった。

喪主のWさんが、ちょっと挨拶をして会食が始まった。程なくして私の所にビールを注ぎにやって来たWさんに、私は言った。

「今日は奥さんの忌明けの日なのに、相撲の話では、面白くないですよね」

その途端、Wさんの眼が潤んだ。そしてWさんは声を殺して言った。

「言うてもええのなら、言いたいですわ。「お前ら、一体何しに来たのや！　もう帰れ！早う帰ってくれ！」そう言いたいですわ」

その一言は、私の胸にズンと響いた。そして私は、以前に読んだ神谷美恵子さんの本の一節を思い起こしていた。神谷さんはこう書いている。

……パスカルにいわせれば人間はだれでも死刑囚と同じ身分にあるのだが、意識的にせよ無意識的にせよ、こういうものから眼をそむけ、いろいろなことで気をまぎらわせている。周囲のひとが死病にかかったり、死んだりしても、よほど身近なひとでもないかぎり、軽くやりすごしてしまう。そうでなければ、人間の精神は一々ゆさぶられて耐えられないからでもあろう。葬式のあとで通夜の席上、ひとびとが思いのほか愉快そうに飲み食いし、歓談する光景はそうめずらしいものではない。あれも精神の平衡をとり戻そうとする自然現象であろう。そのなかで、故人の存在にすべてを賭けていた者は、心の一ばん深いところに死の傷手《いたで》を負い、ひとりひそかにうめき続ける。

（神谷美恵子『生きがいについて』みすず書房）

2 事故死

長距離トラックの運転手をしていたKさんは、事故で亡くなった。渋滞を避けるため、家を出発するのはいつも夜だった。その日の夜は、ちょっと生暖かで、もやがかかっていた。奥さんは、トラックの運転席に座って何かしているKさんに、ジャーに入れた弁当を手渡しながら言った。

「お父さん、今夜はもやがかかって危ないで、気をつけて行かんとあかんよ」

「わかっとるわ」

それが二人の最後の会話となった。

次の日の夜明け前、Kさんのトラックは、道路際に止まっていた大型トラックに追突をした。そのトラックは太くて長い原木を何本も積んでいて、それが荷台からずいぶん後ろにはみ出していた。原木の端には、申し訳程度に赤い布きれが付けてあった。Kさんは、その原木にもろに追突した。トラックの運転席は、プレス機で押しつぶされたように変形し、Kさんは即死した。

警察から、Kさんが事故で亡くなったとの電話が自宅に入った。その知らせを聞いた息子は、とっさに機転を利かせて母親にこう言った。

「お父さんが事故を起こして病院に運ばれた。着替えと保険証を持ってすぐに病院に行く！」

母親の性格をよく知っている息子は、少しでも母のショックを軽くしようと考え、助手席の母親にあれこれ話しかけた。けれども、病院到着後に夫の死を知った母親のショックは大きかった。遺体と一緒にヘラヘラと愛想笑いをしながら帰宅した母親に、近所の医者が鎮静剤を注射してくれた。母親は、それからずっとまどろんでいた。通夜も葬式も、とても出られるような状態ではなかった。

それから二年。三回忌の時、私は思い切って聞いてみた。

「ご主人が亡くなったと聞いて、さぞショックだったでしょうね」

私は、「頭が真っ白になった」「言葉が出なかった」「どこかに落ちこむような感じがした」等々と言われるだろうなと思っていた。ところが奥さんは言った。

「私、夫が死んだと聞いて……、しばらくしたら無性に腹が立ちました」

「え？　いったいどうしてですか？」

「お寺さんも知っての通り、あの人は自分勝手に物事を進める人でした。結婚する時も、先に私の親の方に話をして、それから私にプロポーズしたのですよ。会社を辞める時も、突然でした。朝、起きてこないので起こしに行ったら、「うん、あの会社、もう辞めた」。それから何日かしたら、家の前にトラックが止まり、あの人が降りてきた。「これで自営の運送業をする」。家の新築の時もそうでした。子どもが増えてこの家も大分狭くなってきたね。そんな話をしていましたら、その二か月後、「建売住宅を買ったから、引っ越しする」。まあ、あの人は私の性格を知っていましたから、私に相談したら、事が進まないと思ったのでしょうね。そんなあの人に私は振り回されて、後をついていくのに精一杯の人生でした。それにしても……、死ぬ時まで私に何の断りもなく、一人でさっさと逝ってしまう……。何てひどい人。そう思ったら、無性に腹が立ちました」

それを聞いて、私は思い知らされた。この奥さんは、亡くなった夫に腹を立てるほど、夫を愛し、夫と深い絆で結ばれていたのだ。奥さんは、こうして腹を立てて、悲しみを乗り切ろうとしているのだ。いい夫婦だったのだなあ。

3　一人残された病妻

Ｉさんは長い間リュウマチを患っていた。寝たきりの生活を送り、ラジオを聞くのが日課だった。症状はだんだん酷くなり、身体は著しく折れ曲がった。まるで屈葬された人のような姿になっていた。手の指もすべてゆがんで固まり、物を摑むことすらおぼつかなかった。排泄の時が最も大変だと聞いた。その八十六歳のＩさんを、九十歳の夫がずっと一人で献身的に看病していた。ところがその夫が、突然、心筋梗塞で亡くなってしまった。Ｉさんは、掛替えの無い人を失った。

すぐ近くに住んでいた長男が喪主になり、葬儀の手配をした。葬儀は、真夏の暑い日、自宅で行われた。田舎の八畳四間のふすまをすべてはずし、家具を移動してできた式場に祭壇が組まれた。その式場に持ち込まれた折り畳み式の簡易ベッドの上で、Ｉさんは横向きになっていた。

葬儀が始まり、すぐに焼香の番が来た。親族の者が香炉と香合をお盆に載せてＩさんの所まで持ってくると、Ｉさんは不自由な指をぎこちなく動かして香をつまみ、形ばかりの焼香を済ませた。

間もなく葬儀が終了。葬儀社の係員が棺の蓋を開け、お盆に載せた花を皆に差し出した。皆はその花を取って次々と棺の中に入れ、最後のお別れをした。

「棺の蓋を閉じさせていただきますが、よろしいでしょうか」

やがて棺の蓋が閉じられる。そして出棺。

何人かの男性の手で棺が持ち上げられ、庭先へと運ばれていく。

その時突然、驚くほど大きなＩさんの声。

「おじいさーん、早う迎えに来てー」

そのＩさんの声は、数日間、私の耳から離れなかった。今でもその光景をありありと思い浮かべます。セミがうるさいほど鳴いている昼のことでした。

4 妻亡き後

満州で仕事をしていて敗戦を迎え、日本に引き上げてくる途中で妻が酷い病にかかり、生きるか死ぬかの目に会ってようやく帰国を果たしたのが、Nさん夫妻だった。Nさんの妻は、病弱ではあったが八十歳まで生き、心不全でふっと亡くなってしまった。

葬儀は自宅で行われた。Nさんは、通夜も葬儀も比較的落ち着いていた。葬儀社が手配を誤り、霊柩車が予定の時刻になって姿を見せず、出棺を見送ろうとしていた弔問客は帰るに帰れずの状態になった。その時Nさんは、怒気を含んだ顔になったが、何も言わなかった。

その後、初七日、忌明け、初盆、一周忌と法事が続いたが、そのたびに私は不審に思うことがあった。Nさんは、親族が集まる場でいつも息子を叱るのだ。

たとえば忌明けの時のこと。私が、「読経中に、順に焼香をお願いします」と案内したら、息子さんが、「あ、香を買い忘れた。香は無かったなあ」。それを聞いたNさんは、顔を赤くして言った。

「法事の時に焼香するのは当たり前じゃ！　香を買い忘れただと？　お前がぼんやりしておるからこうなるのじゃ。死んだ母さんが、あの世で泣いておるわ！　しっかりせんか！」

いつもこの調子なので、この父子の間で何かあったなと私は思っていた。私も鈍感だった。三回忌が終わって会食している時、嫁いだ娘がNさんの許に来て言った。

「お父さん、ちょっと痩せたねぇー。お母さんが亡くなって丸二年。早いねぇー。淋しいねぇー」

それを聞き、背中をさすられたNさんは嗚咽した。私はその時初めて、Nさんの心の内が分かった。

Nさんは、無口で昔気質の人間だった。妻を亡くして一人になったNさんは、子ども一家と同居はしていたが、そこに自分の居場所は無かった。無言でご飯を食べて、留守番するだけの一日であった。「誰も自分を気にかけてくれない。自分は、淋しくてつらい！」Nさんの怒りは、こんな気持ちの表れだったのだ。

5　夫を許す

Mさんは、仕事も遊びも大々的だった。複数の店舗を持ち、若い従業員を何人も雇って、婦人服の販売をしていた。仕事が終わると繁華街に飲みに出かけ、午前様になるのが常だった。趣味も多く、その関係の友人も多かった。そのMさんに癌が見つかった。

最初に現れた症状は、物を飲み込む時に喉のあたりがシュンと沁《し》みることだった。けれども、それ以外には何の異常もない。

「やはりウィスキーのせいよ」

奥さんの言葉に「うん」と頷き、ウィスキーは水で割るようにした。間もなく症状が治まったので、そのまま放置した。半年くらいしたら、食べ物が喉につかえて飲み下せない症状が現れた。これが歳のせいということかと思い、なるべく柔らかな物を食べるようにし、タバコも軽いものに替えて本数も減らした。ところがその状態がひどくなってきたので、ついに病院で検査を受けた。判明したのはステージⅣの食道癌。すでにリンパ節やあちこちに転移していて、手術は不可能という状態だった。

Mさんは入院し、抗癌剤治療を受けた。毛が抜ける、吐き気に苦しむなどの副作用を恐れていたが、思ったほどの副作用は見られず、症状は劇的に改善した。治るかもしれない。すこしだけ希望の灯がともった。

Mさんの仕事は、奥さんがカバーすることになった。奥さんは、仕事が終わり店を閉めると、夫の好物や着替えなどを持って病院にやって来た。仕事の話をし、夫に助言を求めた。話題は尽きず、奥さんは学ぶことが多かった。その時が一番濃密な夫婦の時でした、と奥さんは回想してくれた。

その後は抗癌剤治療のため、入退院を繰り返した。しかし、使える抗癌剤がついになくなり、体力が徐々に落ちてきた。

ある日奥さんは、仕事の関係で、昼すぎに病院にやってきた。奥さんが病室に入っていくと、見知らぬ女性が夫と話をしている。夫は、見舞いに来てくれた趣味仲間だと紹介したが、あきらかに女性は狼狽していた。

奥さん曰く「それでピンときました」。

次の日から夫婦の関係は、どこか冷たく、ぎくしゃくしたものとなった。病状は悪化の一途をたどり、モルヒネの使用が始まった。奥さんは「自業自得だ」と思い、夫の頼みに義務的に応じるだけだった。しばらくすると黄疸が出はじめ、意識が時々混濁するようになった。

そんなある日、あまりにも夫の髭が見苦しいので、奥さんはT字剃刀で髭をそった。その時Mさんは、ボソッと一言。

「すまなかったな」

後に奥さんは言った。

「その一言で、私、全部許せましたの」。

そしてMさんは、その二日後、医者に見守られ、奥さんに手を握られて亡くなった。

6 それぞれの喪の仕事

その後、奥さんは「夫婦が連れ立って歩いているような所へは、絶対に行きたくない」と言っていた。「それを見ると、うらやまし過ぎる」とも。最大の安らぎは、夫が亡くなった夜九時二十七分から仏前で読経することだった。ただひたすら経を読み、その後しばらく手を合せる。すると、わだかまりが薄れ、前向きになれるのだそうです。

連れ合いを亡くした人は、亡き人にできるだけのことはしてやりたいと考える。できる範囲で、心のこもった葬儀をしてやりたい。仏壇が無ければそれを買い求めたい。墓が無ければ、それを建てよう。皆が京都に納骨するのなら、私もそうしよう。そんな風にすると、心が安らぎます。

夫を亡くしたSさんが、一周忌の会食の時に私に言った。

「しばらく前に、私、一人で九州に行ってきましたわ。夫の写真をバッグに入れましてね。砕いた遺骨を少し宮崎の海岸で撒いてきましたの」

別の人からも同じような話を聞いた。次々と六、七人の人からそんな話を聞いた。配偶者を亡くすと、なぜ皆、九州へ行くのだろうか。不思議に思っていたら、その謎が解けた。この人たちの結婚した時代は、九州へ新婚旅行に行くのがブームだった。そして、この人たちの連れ合いは、入院してしばらく後に亡くなっていた。おそらく病室で、「元気になったら、昔、新婚旅行で行った九州へもう一度行こうね」と約束し、それが果たせずに亡くなったのであろう。その切ない願いを、自分なりに果たす。こんな喪の仕事をする人もいる。

Oさんは妻と二人暮らしだった。子どもはそれぞれ独立しており、遠方に家を建てていたので、めったに訪ねてくることもなく、本当に二人だけの生活だった。その奥さんには喘息の持病があった。

発作が起こるといつも薬を吸入する。ところが今回は、その薬の効果がなかなか現れず、見ていられないほど苦しみ出した。そこで、救急車呼んで病院へ。その明け方、妻は苦しみながら息を引き取った。妻の手を握り、耳元で名を呼んでいたOさんは、「看護師が処置をしますので、いったん病室を出てください」の言葉にふと我に返り、息子たちに電話をかけようと病室を出た。そこを、おかしそうに笑いながら二人の看護師が通り過ぎていく。Oさんの心中に怒りが湧き起こった。

「あの病院には、二度と行きたくない」

「あそこの医者は何もしてくれない」

「あそこの看護師は出来が悪い」

そう思い込み、激しく怒ることで、Oさんは妻との別れに耐えようとしていた。

7 本音

思いがけない言葉を耳にすることもあった。

Sさんは、結婚して六十年。夫が先に旅立ち、老いた妻が残された。

「そうですか、六十年も連れ添ってこられて。ねえ、何とも言えない淋しさですね」

「私、二十歳の時にこの人と結婚して、それからずうっと一緒。本当に融通の利かないうっとうしい人でした。これでさっぱりしましたわ」

「むむ……」

Kさんは田舎の名士で資産家だった。五十六歳の時に奥さんを亡くしたが、数年後には後妻をもらい、仲良く暮らしていた。しばらくしてKさんは、自宅で倒れて入院。数日後に亡くなった。先妻との間には三人の子どもがおり、三人とも結婚していた。通夜、葬儀は、昔からの慣習にそって行われた。喪主は長男が務めた。後妻さんは激しく泣いているばかりだった。遺産の相続をめぐって、厄介なことが起こる兆しがあった。

昔通りの繰り方に従い、亡くなった日から七日目の日に初七日法要が営まれたが、その時も後妻さんは嗚咽した。法要を終えて帰る時、一人で玄関まで見送りに来てくれた後妻さんに言った。

「心中、お察し申し上げます。ご主人が亡くなられて、本当に悲しいことですね」

「このくらい泣いておきませんと、後がやっかいなので」

「うわー」

三、横超の救い

永六輔の『大往生』（岩波新書一一頁）に出てくる話を二つ紹介します。

「旦那は定年後のことをいろいろ考えているんだけど、私は未亡人になってからのことを考えているの」

「歳をとったら女房の悪口を言っちゃいけません。ひたすら感謝する、これは愛情じゃありません、生きる知恵です」

こんなことを言っておられる間は、まだいいですよ。配偶者と死別した後は、数年かけてようやく元に戻るのがほとんどです。女性の中には、以前より元気になる人もいます。けれども、奥さんに支えられて威張っていた人は、本当にあわれ。なかなか立ち直れない。

立ち直りの基本は、夫（妻）としての生き方に見切りをつけ、独身者としての生き方を始めることにある。自分の仕事を見つけ、友人と交際し、趣味や旅行を楽しむ。このように前向きに生きるリズムを作ることで、人間は何とか独身者として生きることができるようになる。しかし、老いが進むとそれができなくなる。聴力や視力は衰え、頭の回転は遅くなり、時代の流れについていけなくなる。だから苦労して、何かでそれを埋め合わせる。やがてその埋め合わせの限界が見えてくる。こうなると、ため息が出るばかり。

「あーあ、本当に歳はとるものではない」

そんな人が横超の教えに出会うとどうなるか。そんな体験をした人のかざらない言葉を紹介しましょう。


うら（私）は仏法に遇わしてもろて、人間の根性で考えて居る生き甲斐と言うものの、底が抜けねばあかんと思う。ここが一番むつかしい。底が抜けたら、みんなお与えさまの一言に尽きる。

ご法話で聞かせていただいた言葉。

人生には　避けられないことが　二つある

一つは死ぬこと　もう一つは生きることだ

生かされている事実。うら（私）はもう生き甲斐とか、生きる目標とか考えることいらぬ。

（前川五郎松『一息が仏力さま』昭和五六年。私家版より）

前川さんの言う「底が抜ける」とは、自分はこの先どう生きていったらいいのかと、あれこれ計らう自分を放棄し、そんな自分を、まるごと阿弥陀如来に託すということだ。その時、託した私は計らう自分を超えている。そんな私は、生きがいを追求しながらこれにこだわらない。生きがいを追求できなくなった自分の現実を、面白い体験だと受け止めることさえできる。横超するとは、こういうことなのです。

この横超が起こる時、そこに深い喜びの世界が生まれます。そして、この横超の後の言動は、周囲の人々に深い感銘を与えます。それが、周囲の人々の心を動かします。

七、お盆

一、お盆の行事

夏のお盆は、日本人にとっては親しみのある行事です。

お盆は旧暦では七月の行事でしたが、明治五年に太陽暦が採用されると、一か月ほどズレが生じました。新しい太陽暦では盆は七月十五日。暦が太陽暦に変わってできた新たな盆なので、新《しん》盆とされました。

八月十五日は旧盆。昔はこの日が盆だったので旧盆、または、月遅れの盆と呼ばれました。

新盆を「にいぼん」と読むと、四十九日に忌明けしてから初めて迎えるお盆になります。これは、初盆《はつぼん》とも呼ばれています。

全国的に見ると、現在なお、ほぼ二百か所でお盆が行われていますし、仏壇をお盆風のお飾りにする家も多いと思います。
今回は、お盆を勤める意義をどこに見出せばよいかを考えてみましょう。

1　日本各地の有名なお盆

まず、有名な各地のお盆について見てみましょう。

①**阿波踊り**　観光客の多さ（約一二〇万人）で他を圧倒しますが、その実体は夏祭りで、少しもお盆らしくありません。

②**西馬音内《にしもない》盆踊り**　秋田県の盆踊りで、目出し頭巾の「亡者踊り」が特徴的です。

③**郡上《ぐじょう》踊り**　岐阜県郡上市八幡町を中心に、七月中旬から九月上旬まで行われます。特に盂蘭盆会の八月一三日から一六日までの四日間は、雨天決行の徹夜踊りとなります。

この三つが、日本三大盆踊りと言われています。

④**五山送り火**　大文字の送り火は、慶長八年（一六〇三）江戸幕府開府のころには、夏の夜の風物詩となっていたようです。江戸時代後期には一〇か所ほどの山々で行われておりました。この世に帰った精霊をあの世に送る火とされていますね。この盆行事には、踊

りはありません。

⑤**エイサー**　沖縄県でお盆の時期に踊られる伝統芸能です。この世に戻ってくる祖先の霊を送迎するためのものでしたが、今日のエイサーは、お盆、伝統芸能、商業、娯楽など、様々な要素が渾然一体となっています。まさにチャンプルーですね。

⑥**おわら風の盆**　富山県富山市八尾町（旧婦負郡八尾町）で毎年九月一日から三日にかけて行われている、富山県を代表する祭りです。越中おわら節で有名ですね。

⑦**精霊流し**　長崎県内の海沿いの町でお盆に行われます。死者の霊を送る伝統的な仏教行事で、歌手のさだまさしがこれを唄ってから全国的に有名になりました。実際は、爆竹の破裂する音、鉦の音、掛け声が交錯する騒々しいお盆です。「祭り」と誤解されることもありますが、精霊船の旗（西方丸、南無阿弥陀仏など）を見ると、仏事であることがはっきりします。

2　お盆の起源

さて、以上に見た様々なお盆。その起源はどこにあるのでしょうか。

お盆の起源に関しては、
㈠イランの「霊魂」であるウルバンが盂蘭盆《うらぼん》の原語だとするイラン起源説。

㈡盂蘭盆は、倒懸（逆さ吊り）を意味するウランバーナの音写だろうと推定解釈し、インド起源であるとする説。

㈢『仏説盂蘭盆経（中国で作られた経典）』に起源があるとする中国説。

㈣先祖の霊に供え物をするための盆に由来するという説。

などがあります。


これらに共通するのは、亡き人の霊を供養するという観念です。このお盆が、仏教とともに日本にもたらされ、法要が営まれた。その最古の記録が『日本書紀』にあります。斉《さい》明《めい》天皇が、斉明五（六五九）年七月十五日に京内諸寺で『盂蘭盆経』を講じさせ、七世の父母に報いたという記述です。

その後、一時中断はありましたが、盂蘭盆は宮中の恒例の仏事となりました。奈良、平安時代には毎年七月十五日に、鎌倉時代からはこれと「施餓鬼会《せがきえ》」を併せて行ったようです。でもこれらは宮中の話。

庶民の間にお盆が広まったのは、一六〇〇〜一六五〇年ごろのことです。これは、切支丹の禁止と重なっています。江戸幕府は、切支丹を封じ込め、檀家制度を末端まで行きわたらせるために、お盆や彼岸などの仏教行事を奨励したのです。その結果、お盆は地域の民俗文化と結びついて実に多彩なものとなり、帰ってきた先祖の霊をもてなす文化として継承されてきました。

二、何のために帰ってくるのか

お盆に共通しているのは、亡くなった人の霊が我が家に帰ってくるという観念です。ですから、お盆の時節になると、人々はそれぞれの地域のやり方でこの霊を迎え、最終日には、あの世に帰る霊を見送ったのです。

さだまさしの「精霊流し」によると、亡くなったあなたは空の上から線香花火を見ているだけで、この世には来ていないようです。近年、盆休みに海外旅行に行く人々を見ると、霊が帰ってくるという観念も薄れたかと思います。しかし、愛しい人の初盆を迎え、その人が我が家に帰ってきている……と思うと、親族は切なくも温かな感情に包まれます。

今でも鮮明に思い起こします。それは昔に勤めた二十一歳の青年の初盆の光景です。その青年は、高校生のころからバイクにあこがれていました。当時ナナハンと呼ばれていたバイクを買うのが夢でした。東京の私大に行っていましたが、大学が休みの間にバイトをして頭金を貯め、中古でしたが、ついに念願のナナハンを買いました。

こんな青年には、バイク好きの友達ができますよね。この青年もそんな友人ができた。青年は、その友人たちと北海道一周ツーリングを計画し、大学三年生の夏休みの終わりごろ、ついにそれを実行しました。

事故の場所は、十勝平野の畑のそばだと聞いています。農作業の車とぶつかって飛ばされ、首の骨を折って即死しました。遺体は飛行機で名古屋の空港まで運ばれ、そこから車で自宅に到着。やっと葬儀が営まれました。父親は魂が抜けたような感じ。母親は棺に取りすがって泣き崩れた……。事故から一週間後のことでした。

一年後の八月。青年の一周忌と初盆が自宅で営まれ、私はそこへ伺ったのです。そうしたら、玄関で出迎えてくれた青年のお父さんが一言。

「ちょっとエライことがしてあるので、ゴメンして」

「エライこと?」

何だろうなと思って、座敷に入りました。そうしたら、座敷の床の間に、にこっと笑っている青年の写真が飾られ、その前に、お皿に載せた厚さ三センチ位の立派なステーキが供えてある。

お母さんが言いました。

「この子は小学校のころから本当に肉好きで、大学から帰省するたびに「お母さん、肉焼いて」が口癖でしたの。お盆にあの子が帰ってきたなら、「お母さん、肉焼いて」と言うに違いない。誰に何と言われてもいいと思って、私、上等の肉を焼いて供えましたの」

お勤めを終えて帰る道すがら、私は考えていました。お盆には亡くなった人が帰ってくると言われているけれど、何のために帰ってくるのですかと問われたら、僧侶の私は何と答えたものかなあ。

この問題に教学的な答えを出すことは、比較的容易だと後で分かりました。

この青年は、仏になっています。なぜなら、煩悩を捨てたからです。煩悩を捨てた仏の仕事はただ一つ。それは衆生の救済です。衆生の数は天文学的な数になりますが、この青年の仏は、身近な家族を救済するために帰ってきた。まあ、そう受け取るべきでしょうね。

では、家族をどう救うのか。

親鸞さんの言葉を綴った『歎異抄《たんにしょう》』第五章を見ますと、

ただ自力をすてて、いそぎ浄土のさとりをひらきなば、（中略）まず有縁を度すべきなりと云々

という文言が見えています。つまり、この青年の仏は、有縁の家族を度すために、かつての我が家に帰ってきたのだということになります。そう説明できるということは間もなく分かりましたけれど、「いそぎ浄土のさとりをひらく」ということが、私には長い間分かりませんでした。

急いで覚りを開く。しかも、浄土の覚りを開く。これどういうことなのか。

ところがその疑問も、ある大事件をきっかけに氷解しました。その事件とは、一九八五年八月十二日、お盆の時に起こった日航機の墜落事故でした。

この事故が起こってからは、連日連夜、事件の詳細がテレビで報道されましたね。その報道を見ていたら、ある犠牲者が、飛行機に備え付けの紙袋に走り書きで残した遺書の一件が取り上げられていて、そこには「飛行機は、急降下していく。もう助からない」「これまでは本当にいい人生だったと感謝している」と書かれていました。それは私に大きな示唆を与えてくれました。私は、「いい人生」という言葉を「有り難い人生」という言葉

に受け止め直して、初めて合点がいきました。

人生の途上で、「もうこれまでだ」という事態に直面したら、じたばたともがく自分を横超し、「本当に有り難い人生でございました」と言える境地を急ぎ開く。これが浄土の覚りということなのです。

三、人生の回想

「もうこれまでだ」という時に、自分の人生をつらつら振り返ってみる。たとえば、こんな具合です。

私たちの最も幼い時の記憶。それは、三、四歳ごろの記憶でしょうね。

そのころの私の記憶は、薄暗い台所の光景です。コンクリートを型に流して作った流し台、その上には裸電球。冷蔵庫は無く、井戸からポンプで水を汲んでいました。

やがて小学校に入学。一クラス五十名で、一年一組から十五組までありました。団塊の世代だったのです。四年生になったころ、小学校の担任教師から「くそ坊主」とののしられ、皆がそれをまねて私をからかいましたので、学校に行くのが嫌でした。皆さんも大なり小なり、似たような経験がおありかと思います。

中学校一年生くらいになると、初めて好きな異性を意識するようになります。初恋ですね。今は、中学や高校で性経験をする子どもが増えましたが、私たちのころは、好きな人の顔さえまともに見られませんでした。

そして大学。大学の大衆化が始まりかけていました。「夏休み　親よりえらい　子が帰り」という川柳があります。当時の大学生はみな生意気で、青臭い議論をしながら危なっかしく生きていました。

大学を卒業して仕事に就いた。やっと社会人だ。新入社員同士で酒を飲み、上役の批判をしたりする。そうしてだんだん仕事にも慣れ、遊びも覚える。

そうこうしているうちに、ようやく「この人なら」という人と出会った。しばらく付き合ってみて、この人なら絶対うまくやっていける、そう思って結婚した。それからしばらくは有頂天で幸せムードいっぱい。そして三年くらいすると、「あーあ、しょうもない人と結婚してしまった」。でも、それに気づいた時は既に遅い。子どもがいますからね。しかも、いろいろなことが次々と起こります。

子どもが熱を出してぐったりしている。二番目の子どもができた。親戚の叔父が亡くなった。おじいさんが骨折した。従妹の結婚式だ。子どもが保育園に行く。おじいさんが死んだ。二番目の子どもが生まれた。家が狭くなり増築することになった。おばあさんが認知症になった。従妹に子どもが生まれた。子どもが小学校だ、やれ中学だ。家内が病気で入院。我が家は滅茶苦茶になった。その最中におばあさんが死んだ。やっと家内が退院。一年の海外出張を命じられた。子どもが大学受験。やがて子どもが卒業、就職。ああだ、こうだ。

そんな風に、いろいろなことが次々に起こって、ふっと気がつくと自分は定年を迎えている。でもまだ元気だから、もう少し働こう。そして嘱託社員として何年か働き、やがてそこも退職。すべての仕事から解放され、町内会や民生委員やお寺の仕事をしているとき、「ちょっと顔色悪いね。やせたね。一度診てもらったら?」と言われた。そこで病院に行くと、先生が「紹介状を書くから、大きい病院で診てもらってください」。そこで大きな病院に行き、様々な検査を受けた。結果は、ステージⅣの肝臓癌で余命半年。

その半年がどんどん過ぎていった。しかしまだ元気だ。この状態のまま、もう少し行けるかもしれない。大丈夫そうな気がする。しかしそれから二か月ほど経ったころ、体調を崩して入院。そして……、昨日までは歩いてトイレに行けたのに、今日はもう立ち上がる気力が出ない。昨日までは何ともなかったのに、今日鏡を見たら顔が黄色い……。昨日まではは昼と夜がはっきりしていたのに、今は夜なのか昼なのか分からない。そして今……、人の声は聞こえるが、もう話すだけの気力が無い。しんどい……。

「私の人生は、三歳のあの記憶から始まって、これまでこんな人生を歩んできて、今この人生に最後のピリオドを打とうとしているけれど、私はこんな人生を歩ませてもらって、本当に……本当に……有り難かったなあー」

こう思えたら、心に浄土が開けているということです。自分の人生を、よいとか悪いとかいうレベルを超えて、無条件で有り難いものとしていただく。これは、頑張って何とか前向きに生きようとする自分そのものを超えることで、開ける世界ですね。まさに横超の極みです。そして、そんな世界を開いて亡くなっていく人の死に様は、周囲の人々に深い感銘を与えます。これこそ、横超した人が有縁の人々を済度する姿なのです。

四、まとめ

癌のような病ですと、死に至るまでずいぶんと時間がありますが。しかし、たとえ時間があったとしても、「もうこれまでだぞ」という死の刃は、ある日グイと目の前に突き付けられます。飛行機は、突然に急降下するのです。そして、自分の人生はこれまで……となる。その時、即横超し「こんな人生を歩ませてもらって、本当に有り難かった」と言えるような世界を心に開く。これが、「いそぎ浄土のさとりをひらく」ということなのです。亡き人は、そんな覚りを開いておくれと教え諭す仏となって、我が家に帰るのです。お盆は、親族が集まることが多いと思います。帰省した旧友との会話もはずみ、様々な話題が出ることでしょう。

「どこに住んでいるの?」「まだ独身なの?」「腰の痛いのはどう?」「定年後はどうするの?」

そんな話が一段落し、自分もさあ寝ようかと思った時、仏間で一人本尊に向かって自問自答してみる。

「お前の命は今日限り。明日はないよ」そう言われたら、「はい、私、本当に有り難い人生を送らせてもらった」と言えるだろうか?

たとえ一年に一度でもよい。お盆の時にそう自分に問うてみる。そうすると、お盆は、まことに意義深い行事になります。亡き人は、仏となって我が家に帰り、私にこんな問いをもたらしてくださった。その問いを真正面から受け止めるために営むのが、お盆なのです。しばしこの一時を過ごした後、亡き人を思い起こし、自分の余命を思い、横超の拠り所となるべき仏の名を呼んでみる。

「南無…阿弥陀仏」

この一時を過ごすことに、お盆の意義があります。

八、彼岸の墓参り

一、彼岸の背景

彼岸とは、春分・秋分の日を中日にした計七日間のこと。この時期に、彼岸会と称する仏事が営まれ、先祖の墓に参る習慣があるのは、日本だけですね。インド・中国・韓国にはありません。

インドの言葉である「パーラミター pāramitā」。これを中国人は「波羅蜜多」と音写しました。この言葉は、迷いの此岸から覚りの彼岸に到るという意味なので「到彼岸」と訳され、さらに彼岸と略称されるようになりました。彼岸の核心は「覚りに至る」ことであって、これと春分・秋分とは無関係です。

七日間	
初日	彼岸の入り
四日目	彼岸の中日
最終日	彼岸明け

では、なぜ日本で春分・秋分を彼岸と称し、この時期に彼岸

会が営まれ、墓参りをするようになったのか。その発端は、ずいぶん昔にまでさかのぼります。それらを古いものから順に見ていきましょう。

(一) 古 代

多くの農耕民族がそうであったように、古代日本人も農作業の始まる春季を重視しました。この時期になると、彼らは先祖の霊や地の神を祭り、「今年も豊作でありますように」と日(太陽)に願った。この日に願う日願が、音を同じくする仏教の彼岸にスライドしていったと指摘する研究者もいます(五来重)。これは、春の彼岸会が成立する最も古い背景です。

(二) 平安時代

桓武《かんむ》天皇は、諸般の事情により、奈良の平城京から長岡京へ遷都しようとしていました。ところが、その任に当たっていた藤原種継《たねつぐ》が矢で暗殺された。その罪に連座した早良《さわら》親王(桓武天皇の弟)は流罪。けれども親王は、強く無実を訴えて断食し、淡路国に流される途中で憤死します(七八五年)。

ところがその後、桓武天皇の妻、母親、後妻が次々と病死したのです。そして天然痘が流行した。さらに天皇の子どもが病に罹《かか》った。あまりにも悪事が続くので陰陽師に占わせたところ、これらが早良親王の怨霊の祟りによると分かった。そこで桓武天皇は、移り住んだばかりのいまわしい長岡京を捨てて平安京に遷都（七九四年）。さらに何度も早良親王に謝る法要をしました。天皇自身が病気になった年にも法要をしました。今度は自分の番かと怖れたのですね。

法要をしたけれど、桓武天皇は重体になった。そこで八〇六年三月十七日に、太政官から「五機内七道諸国」の国分寺の僧に『金剛般若経《こんごうはんにゃきょう》』転読《てんどく》の命が出された。転読とは、経本をアコーディオンのようにパラパラとめくって読むことです。けれどもその日、天皇は亡くなってしまった。そこで、もうこれ以上災いが起こらないよう、以後は定期的に、春分・秋分の日の前後七日間、『金剛般若経』を読むようにした。これが彼岸会の始まりだとされます。

これは、祟り封じの法会です。まだ彼岸会と呼ばれてはいませんでしたが、こんな法会が春分・秋分の時節に全国の寺で一斉に営まれたのです。

（三）彼岸の浄土を願う貴族

比叡山の横川に住む源信は、膨大な書物のなかから往生極楽に関する文章を集めて『往生要集』著わした（九八五年）。そこには恐ろしい地獄の様子が書かれていました。これを色鮮やかに描いた地獄絵図。それを見た宮中の女官は震え上がり、藤原道長をはじめ貴族や僧は、浄土への往生を強く願うようになりました。

死後、彼岸の浄土に行くには、六波羅蜜《ろくはらみつ》の修行や称名念仏に励めばよい。経典にはそう説かれていましたが、それが最も効果的なのはいつか。それは、太陽が真西の浄土へ向かって沈んでいく春分・秋分の時節だ。唐の善導《ぜんどう》もそう記しているし、朝廷もこの時節には法会をしてきた。彼岸の時節には、寺に参拝して浄土への往生を祈り、自宅に在っては念仏に精進すべきだ。そんな理解が貴族の間に広まり、彼岸という言葉が定着していきます。糖尿病に苦しんだ藤原道長、その息子で平等院鳳凰堂を建てた頼道は、浄土へ往生することを願った当時の代表的人物でした。道長の往生祈願の念仏は、日々十万回近くにのぼっていますね。けれども彼岸の行事は、まだ庶民には広まっていませんでした。

（四）鎌倉時代

鎌倉時代初期の法然は、念仏を称えれば貧富貴賤・老若男女の誰でも浄土に往生できると説きました。それまで貴族や僧や男のものであった仏教が、庶民のものとなったのです。庶民は、貴族や僧に倣う形で、彼岸の時節に仏事に関わるようになりました。これに応えるべく、寺院での彼岸の法会は、浄土へ往生するための功徳を積み、先祖を供養するためのものとなりました。こうして早良親王は忘れ去られました。

日蓮《にちれん》は『彼岸抄』の中で、彼岸の間に積む功徳は大で、それがたとえ小さな善行であっても大きな功徳を得ると書いた。一方、親鸞さんのひ孫である覚如は、彼岸だから念仏に励むというのは理由が無いと断じた。その是非はさておき、これらの記述から、このころには彼岸が庶民に浸透していたことがうかがえます。

（五）江戸時代

江戸時代の中期に、檀家制度が出来上がります。これによって、寺は、釈尊や宗祖の法要、檀家の葬儀や年忌、盆や彼岸の法要などを執行することとなり、檀家もまた、これらを行うべきだとされました。またこのころから、生活にゆとりのある庶民は、石塔の個人墓を建てるようになり、盆や正月や彼岸に、先祖の墓参りをするようになりました。

（十八）近・現代

明治新政府は、建国の理念である神道を明確にする目的で、神仏分離令を出しました。その結果、廃仏毀釈の暴動が起こってしまいます。仏を廃し、釈迦の教えを毀《こぼ》つこの暴動で、全国九万の寺の半分が破壊され、国宝級の仏像や経典などが燃やされ、石仏の首は切られ、仏教行事の多くが消滅しました。後に、寺の半数ほどが再建され、仏教行事も復活しました。けれども彼岸の墓参りは、専ら先祖供養のためとされ、到彼岸という本来の意味は忘れ去られました。

戦後に出された「国民の祝日に関する法律（昭和二十三年）」を見ますと、「春分日――自然をたたえ、生物をいつくしむ。秋分日――祖先をうやまい、なくなった人々をしのぶ」となっており、彼岸や墓参りという言葉は使われていません。けれども彼岸の時節には、お寺にお参りしたり、仏壇に彼岸のお供えをしたり、一家で墓参りをしたりする人は、今も数多く見受けられます。

彼岸の墓参りの背景には、以上に見たような長い歴史があるのです。

二、墓参りの注意

墓は、亡き人の象徴です。ですから墓にお参りした時は、墓に敬意を払ってまず墓石とその周囲を掃除する。そして花、線香、蠟燭を供え、数珠をかけて合掌する。

その前後に、墓石の上から何度もひしゃくで水をかける人がいます。これはしない方がいい。その水を煩悩を捨てた故人が飲むわけではないし、浄土に往生・成仏した人が、なお水を欲しているとしたら、おかしいですよね。

墓には故人の霊魂が宿っている。そう受け止めると、故人は浄土に往生、成仏していないことになる。それでは故人が救われない。

墓石が欠けたり、傾いたり、その上に小枝がおおいかぶさっていたりしますが、これらを悪い兆しだと考えないほうがいい。そう考えると、迷いが始まるからです。

墓（納骨堂）は亡き人の象徴であり、墓前は仏の一人となった故人に逢う場所なのです。ではその墓に出向いた時、いったいどんな気持ちでお参りすべきでしょうか。

①慣　例

命日、年始年末、お盆や彼岸の時などに慣例的に墓参りをする。親もそうしていたし、気がつけば自分も、子や孫を連れて墓参りをしている。このようなお参りは、親族の絆が感じられ、邪気がなくて温かです。

住職も、このような場で読経することがありますが、「幸せな一家だなあ」と思います。

②安らかに眠れ

「安らかにお眠り下さい」という感覚で墓参する人がいます。そのような場合、故人の多くは、この世に未練を残すような不本意な死に方をしています。未練を残して亡くなった人の霊は、ねんごろに供養しないと恐ろしい怨霊になる。こんな感覚が日本民族の根底にあります。だから、「死者よ、無念ではあろうが未練を捨てて、安らかに眠っておくれ」と祈るわけです。

これは、亡き人を敬い偲ぶのではなくて、「私を煩わせるな」という墓参りです。だから、自分でも気づかずに、自己本位の墓参りをしていると言えるでしょうね。

③頼みごと

墓石に合掌しながら心の中で様々な頼みごとをする人がいます。事業成功、恋愛成就、試験合格。「ご先祖様お願いします」とやるわけです。頼みごとは際限がありませんし、それが切実なら力がこもります。でもこれは、神社にお参りする感覚のまま墓にお参りしているのですから、とても仏教徒の墓参りとは言えません。

墓に向かってただ合掌し、亡き人の生前を偲ぶ。これは、利害や損得を超えた温かな行為です。死んだ仲間に寄り添う動物はいますが、後日、その仲間を偲ぶことはありません。生前を偲ぶ。彼岸の墓参りは、そんな気持ちでなされるのが最もいい。しかし浄土真宗の墓参の場合は、これをもう一歩進めます。

三、浄土真宗の墓参り

亡き人は諸仏であり、諸仏は我々に語りかけてきます。墓前では、この諸仏の声を聞く。「いずれの行もおよびがたき身」(『歎異抄』)を自覚する真宗では、まず諸仏の声を聞くのです。これが真宗の修行になります。

この「聞《もん》」には三つの次元がある。

㈠最も聞きやすいのは、故人の懐かしい声です。その声を想い出し、心にそれを聞く。

「あなたは、いつもこんなことを言っていましたねえ……、こうもいいましたねえ」

墓前でこのように故人と交わると、心が和みます。かつては「うざったいー」と思った声も、しだいにまろやかなものに変わっていきます。私たちは、ただ聞くだけです。でも、そんな風に、自分を想い出してくれる人たちがいる。これは、亡き人にとっては嬉しいことに違いありません。

㈡そんな声を聞き深める。煩悩を捨てて浄土に往生成仏したあなたは、今、私に何が言いたいですか。そう問うてみる。そして、成仏した人のまことの言葉を、心に聞き取ろうとしてみる。こう言っているかな、ああ言っているかな……。これを聞き取ろうとすると、しだいに仏の教えにふれることになります。

㈢成仏した人の願いを聞く。成仏した人は言っている、「煩悩を捨ててつらつら考えるに、私は本当に有り難い一生を送らせてもらった。おまえも、そう言えるような人生を送っておくれ」。亡き人の声を、ここまで聞き深めていく。

要するに聞くのです。

墓参に住職が同行していれば、住職が読経する間、故人の声をこのように聞き深めていく。これがお彼岸に墓参りをした時の仕事になります。

そんな墓参りを重ねた結果、「私は本当に有り難い一生を送らせてもらった」と言ってこの人生を終わっていきたいと思えるようになる。そうなったら、阿弥陀如来に依拠して今の自分を横超する、一歩手前の所まで来たということになりますね。

親鸞さんは、こう記しています。

『経』に「聞《もん》」と言うは、衆生《しゅじょう》、仏願《ぶつがん》の生起《しょうき》・本末《ほんまつ》を聞きて疑心《ぎしん》あることなし。これを「聞」と曰《い》うなり。（『教行信証』「信巻」）

九、法事を勤める

一、法事の歴史

仏教が日本に伝来（五三八年）すると、一悶着の末に朝廷はこれを受け入れ、仏教を鎮護国家の手段として用いました。国に重大問題が生じると、寺を建て仏像を安置し、僧に『金光明経《こんこうみょうきょう》』『仁王経《にんのうきょう》』などを読ませて国家の安泰を願ったのです。ですから当時の仏教は、葬式とは無関係でした。

有力者が亡くなった場合、殯宮《もがりのみや》を建てて遺体を安置する。喪服を着た親族・臣下の人々が、そこで誄《しのびごと》を奏上し、挙哀《こあい》（死者を悼んで泣き叫ぶ）する。この神葬祭が当時の葬式でした（『日本書紀』による）。女帝の持統天皇が亡くなった時（七〇二年）も殯宮が建てられ、質素な神葬祭が行われました。ところが、その後の記録が注目に値します。以下、天皇の死後の流れを見てみましょう（講談社学術文庫『続日本紀』上）。

一二月二二日、持統天皇崩御。

一二月二五日、四大寺（大官、薬師、元興《がんごう》、弘福《ぐふく》の四寺）で斎会（僧尼を招いて食を施す法会）。

一二月二九日（初七日）、天皇の遺体は西殿の庭の殯宮に安置されて殯《もがり》（遺体を見守る）。

正月五日（二七日）四大寺で斎会。

二月一七日（四十九日）三十三の寺で斎会。

四月二日（百か日）殯宮で斎会。

一二月一七日 誄《しのびごと》を奏上し、飛鳥の岡で火葬。

一二月二六日遺骨を大内山陵（天武天皇陵）に合葬。


この法会のスケジュールに、七日毎に法要を営む中陰思想のきざしが見て取れます。持統天皇は、火葬された最初の天皇でしたが、その火葬は亡くなってから一年後に行われました。そして十日後に、遺骨は亡夫である天武天皇の陵に合葬されました。これが一周忌に相当します。けれども、その後の法要に関しては、記録がありません。

奈良時代の葬は神葬祭。その後は仏式の法要で、それは一周忌まで行われました。日本土着の神々と渡来の仏たちは、共存していたのです。もちろん、このような宗教儀式を行えたのは超有力者の場合に限られます。

平安時代になると、唐の『十王経』の影響が及ぶようになり、有力者は十仏事（初七日～三回忌）を勤めるようになりました。鎌倉時代になると、極楽浄土に往生することを願う仏教が庶民の間に広がっていきます。そして一二世紀を過ぎるころには、十仏事に七回忌、十三回忌、三十三回忌が加わって、十三仏事。さらに十六世紀のころには、これに十七年、二十五年が加わって十五仏事となりました。

江戸時代には寺檀制度が完成しますが、それによって葬儀は仏式となり、年忌はさらに増え、かつ世間にも広まり、五十回忌まで勤めるという形が出来上がりました。当時の年忌は、午前の読経、昼食、午後の読経、説教、夕食と一日がかりでした。参加者も多く、遠来の親族は当家に泊まったので、その準備は大変でしたが、親族の交わりは濃密でした。

最近の年忌は、一時間程度の法要の後、会食するのが一般的な流れになっています。その年忌も、子どもが親の三十三回忌を勤めて終わり（弔い上げ）にすることが多くなりました。親の三十三回忌のころには、施主の子どもは八十歳代になっていますので、それ以上の年忌を勤めるのは無理です。勤めるとすれば、施主は子から孫に代わりますが、三世代同居という家族形態が少なくなり、祖父母と馴染みが薄くなった孫は、祖父母の五十回忌を勤めなくなりました。

二、法事を勤める姿勢

さて昨今、施主はいったいどんな気持ちで法事を勤めているでしょうか。
○故人を偲び、慰め、感謝したい。
○法事をすれば、故人は喜ぶし、自分もいいことをしたという満足感がある。
○親不幸を詫び、罪ほろぼしをしたい。
○世間・親戚で皆がしており、自分だけしないわけにはいかない。
こんな気持ちの施主が多いと思います。

仮にそうだとしても、法事をしてよかったと思えるならば、法事の意味はそれなりにあったということです。法事に皆が集い、故人の思い出が語られ、親族が懇親できれば、それでよしとすべきでしょう。

けれども、施主のこんな気持ちを掘り下げてみますと、施主の心の内には一種の矛盾があるのが分かります。それは、年忌法要は勤めるべきだという考えと、そんなものはどうでもいいという考えの矛盾なのです。

いつも思い出す光景があります。

ある法事の時のことでした。弟の三回忌で当家に来た兄が、会食の時に住職の私にお酒をつぎに来てくれましてね、ちょっと挨拶を交わした後で、私の隣の人に話しかけ始めた。私はそれを聞くともなく聞いておりました。

「弟は、元気なやつで、ワシより二倍も三倍も迫力があったけどなあ……。それがまあ、癌で逝くとは。人生は分からんねえ。これでもう三回忌。本当に早いものだ。それはともかく……。ワシはお前に言っておきたい。ワシが死んでも、葬式みたいなもの、しなくていいよ。一番安いお棺にワシを入れて焼いてくれればいい。年忌の時には、皆で集まって一杯飲んでくれればそれで十分。墓？　そんなもの建てなくていいよ」

このあたりから、だんだん酔いがまわってみえましてね。ついに大きな声で皆さんに言われました。

「墓を建ててワシの骨を入れて、そこにタバコや酒を供えてもらってもね、そんなもの飲めるものかね。お集まりの皆さんに言うておくが、人間は死んだらしまい。だからね、ワシが死んでも、何もせんでいいから、今、飲ませてくれよ。たばこも吸わせてくれ。線香の煙みたいなもの、吸いたくもないわ。ねえ、そうだろうが」

そうしたら皆が笑いながら、そうだそうだと言いましたよ。

つまりですね、私たちは、年忌を勤めた方がいいという考えと、年忌なぞ勤めてもしょうがないという、二つの矛盾した考えを持っているのです。そうでしょ。

いったいなぜ、こんな矛盾を我々は抱え込むのでしょうか。それは、端的に申しますと、私たち生き残っておりますものが、亡くなった方を供養しようと思うことが、その矛盾の元なのです。

亡くなった方を供養しようと思いますと、いったい何をどれだけすれば供養したことになるのか、その点がはっきりしませんね。住職に読経してもらえば供養になるのか、もっと多くの僧侶に読経してもらえば供養になるのか、もっと長時間やれば供養になるのか、その点がはっきりしない。そして、精一杯のことをして勤めたとしても、それで本当に故人がいやされたかどうかが分からない。つまり、手応えが得られないのです。これを裏返しますと、年忌みたいなものやっても何もならない、ということになるのです。

故人を供養してあげたい。その気持ちはたいそうよく分かるのですが、そんな供養が本当にできると考えているなら、これは少々甘い考えだと言わざるを得ません。

浄土真宗の法事の姿勢はむしろ逆です。私たちが煩悩を捨てた故人（＝諸仏）を供養する「私たち→諸仏」ではなくて、諸仏が私たちのことを案じている「諸仏→私たち」、これが基本姿勢なのです。では諸仏の一人である故人は、私たちをどう案じておられるのか。

○事故で逝った息子「苦労して育ててくれたのに、突然死んでしまい、父さん母さんを悲しませて本当にゴメン。どうか身体を大事にし、元気で長生きしてください」

○病死した妻「私があなたを見送るはずだったのに、先に逝ってごめんなさい。あなたは私の分まで十分に生きてね。私はいつも遠くから見守っていますよ」

○祖父「私が先に死ぬのは順番だ。何も悲しむことは無い。お前たちのおかげでいい人生が送れた。お前たちは前向きに、悔いの無いような人生を送っておくれ」

○病死の父「もっと生きたかったが、残念だ。これからは皆で力を合わせて力強く生きていっておくれ。あの世で応援しているよ」

浄土真宗の法事は、こんな風に案じてくださる諸仏に呼応するという姿勢に立って、営まれるものです。

もちろん、まっとうな人生を終えた人ばかりではありません。アルコール依存、家庭内暴力、犯罪、ギャンブル、事業の失敗、離婚などで、家族に多大な苦痛を与え、迷惑をかけ続けて亡くなった人もいます。たとえそんな人でも、死んで煩悩の衣を脱ぎ捨てれば、様子は一変します。こんな故人は、生前の迷惑を詫び、自分はこのようにしか生きられなかったと懺悔し、お前たちは自分のようにはなるなと呼びかけ、幸せな人生を送っておくれと願う諸仏となっていることでしょう。

さらに言えば、あなたが原因で命を落とした人もいます。うっかり事故を起こして相手を死なせてしまった。障害の可能性があると言われて中絶してしまった。検診の時、癌を見落としてしまった。遊び半分でからかっていた友人が自殺してしまった。その他……。

こうして亡くなった故人は、あなたにとっては厳しい諸仏になっておられる。「おまえは、どう責任を取るつもりだ」と問われたら、何と答えますか。「お経を上げてもらうから許しておくれ」と答えますか。「そんなことでは納得しないぞ」と迫られたら、どうしますか。

こんな感じ、お分かりいただけますでしょうか。これ「諸仏↓私たち」なのです。

浄土真宗の法事は、仏となった亡き人と出遇う場です。この場で、いつまでも案じ続け、問い続け、呼びかけてくださる仏の願いに呼応する。これが、浄土真宗の法事の基本姿勢なのです。

三、諸仏の願いに呼応する

私たちが、そんな諸仏の願いに呼応する場合、いくつかの次元があります。

次元一：除災招福祈願の法事

「そうか。故人が私を見守っていてくれたのか。だからこれまで幾度もピンチを脱し、事故には遭ったが大事に至らず、癌が早期発見されたのだ……。故人よ、見守ってくれていて本当に有り難う。これからもどうぞよろしく」

こんな感じで故人の法事を勤めようとすれば、法事に力がこもります。でもこれは、故人を利用してうまく事を運びたいということなので、決してほめられた法事ではありません。またこんな人は、何か悪いことが次々に起こりますと「三代前の先祖がイカン」「水子が祟っている」などと考え、たちまち祟り封じの法事をしようとします。法事は除災招福の手段ではないのです。

次元二：故人の声を聞く法事

法要中、参加者はただひたすら故人を回想し、故人が自分に〈今〉何を言わんとしているのかを聞くという姿勢に立つ。これがいいですね。

「私に何が言いたいですか」

亡くなってまだ日が浅ければ、法事のたびに様々なことが思い出されます。けれども法事を繰り返すうちに、記憶に残る故人の生々しさはしだいに影をひそめ、嫌な思い出はしだいに薄れていき、故人は、名実ともに仏となっていきます。その時、この仏は、自分にいったい何を語りかけているのかを聞くという姿勢に立ってみる。

「往生されて長くなりましたが、今私に何が言いたいですか……」

読経中は、諸仏の一人となった故人の声をただ聞くという姿勢に立つのがいいと思います。すると、どんな声が聞こえてくるか。一つは、頑張って生きていけよと言う声です。

ところがこれと同時に、阿弥陀如来を讃える声が聞こえてくる。そんな声を聞く時、我々は、自分自身を頼むのと並行して、阿弥陀如来を頼んで横超するという教えにふれるのです。これが、「仏願の生起・本末」を聞くということです。こんな姿勢になるとすばらしい。

次元三：報恩行として営む法事

諸仏は浄土で阿弥陀如来を賞賛し、阿弥陀如来を頼めと訴えています。素直にその声を聞いて信じることは、極めて難しい。親鸞さんは、こう記しています。

十方恒沙《じっぽうごうじゃ》の諸仏は　極難信《ごくなんしん》ののりをとき
五濁悪世《ごじょくあくせ》のためにとて　証誠護念《しょうじょうごねん》せしめたり（『浄土和讃』）

自分自身を頼む私たちですが、そんな自分を横超し、阿弥陀如来を究極の拠り所として今を生きる。これは、「極難信」ではありますが、それができた時、我々は、それを勧めた諸仏に感謝し、阿弥陀如来の恩に報いることになります。これが法事を営む究極の姿勢です。

我々がこの次元まで行くことは、なかなか難しい。けれども「諸仏↓私たち」なのだと了解することで、諸仏の願いに呼応するという法事の意味は十分はっきりすると思います。

南無阿弥陀仏をとなうれば　十方無量の諸仏は
百《ひゃく》重《じゅう》千《せん》重《じゅう》囲《い》繞《にょう》して　よろこびまもりたまうなり（『浄土和讃』）

十、数珠

仏事（通夜、葬式、年忌法要など）に参加して焼香する時には、手に数珠をかけて合掌します。仏教徒だという自覚の無い人でも、そうしています。人前で焼香する時に、大人が数珠をかけていないと様になりません。だから数珠は、仏事の必需品です。

けれども、数珠に関しては、分からないことだらけです。

釈尊が持っていなかった数珠を、我々は何のために持つのか。どんな形状のものが正式なのか。またどんなかけ方、持ち方が正しいのか。これらに関する説明は、宗派によってそれぞれで、数珠に関する定説はありません。

一、数珠の種類

数珠には、じつに様々な種類があります。

最も一般的なのが一輪（一連）の数珠です。この数珠はさらに、
①玉の素材（木、ガラス、石など、多種多様なものが素材になる）
②球数（百八を三、四、六などで割った数とされるが、例外も多い）
③玉の形（球形の珠、みかん珠、平珠、いらたか＝そろばん珠など）
④房の形（ほぼ五種類）とその色
⑤男性用、女性用

これらに関して多種に分かれます。

各宗派は、門信徒が持つ本式（正式）な数珠の形を定めています。それにも男性用と女性用があります。面白いことに、八宗共通の数珠というのも考案されていますね。

僧侶が儀式用に持つ百八玉の二輪の数珠の形は、宗派によってすべて異なります。どの宗派にも幾種類かの数珠があり、僧侶は仏事に応じてそれらを使い分けます。朝のお勤め、年会法要、お説教、葬式など、それぞれに対応した特殊な数珠があるのです。

これらの数珠の持ち方、掛け方も、宗派によってすべて異なります。

なぜそうなのか。この問いに対しては、江戸幕府が出した「諸宗寺院法度」を発端に、様々な形や作法が決められていったのだろうと推測するばかりです。

二、数珠を用いる目的

では、数珠を用いる目的とはなんでしょうか。合掌する際に手にかけるというのであれば、いったい何のために数珠を手にかける必要があるのでしょうか。これが最も重要な問題です。

ところが、この説明も宗派によってそれぞれです。主に、『金剛頂瑜伽念誦経《こんごうちょうゆがねんじゅきょう》』（『略出念誦経』）と『仏説校量数珠功徳経』（『数珠功徳経』）の二つ、またいくつかの密教系の経典、そしていくつかの史実や祖師の言説を根拠に、ほぼ次のような説明がなされています。

(一) 計算用具

真言や念仏の回数を数えるときに、数珠玉を繰って数えた。だから、数珠は計算用具だという説明があります。これは確かに史実ですが、それだけではすべてを説明できません。

中国、隋唐時代の道綽《どうしゃく》（真宗七高祖の第四祖、五六二～六四五）は、専ら阿弥陀仏を念じて、日々七万遍の念仏を称えた。道綽は、人々にも念仏を勧め、小豆を使って、その数を数えたと記録にあります（唐釋道宣撰『続高僧伝』第二十巻）。後には、木槵子《もくげんじ》（その黒い種）で数珠を作り、数を数える道具として民衆に広めたことが知られています。この数珠は、簡素なものでした。それが、しだいに発展していきます。

この数珠が、仏教の伝来とともに、朝鮮半島から日本にもたらされた。『源氏物語』の若紫に、「聖徳太子が百済の国からお得になった金剛子《こんごうし》の数珠に宝玉の飾りのついたのを……」云々という記述が、これを裏付けています。では、真言や念仏を称えることの無かった聖徳太子（五七四〜六二二）は、何のために数珠を得たのか、その点がはっきりしません。また逆に、真言や念仏を称えない宗派（たとえば臨済宗）の僧侶でも、数珠を持っております。では、何のために持つのか。

このような問いに、明快な説明がなされたことはありません。

数珠は数を数えるための道具だという説明は、称名念仏が広まる以前の日本仏教には当てはまらないのです。

法然《ほうねん》の時代以降、念仏は民衆に広がります。そして、鎌倉期に制作された親鸞さんの画像や木造は、どれも、念仏の数を数えるような数珠の持ち方をしています。数珠は確かに計算道具として用いられたのです。

現在、「お脇掛《わきが》け」として本尊の右に掛けられる親鸞絵像も、数珠を繰るように持っています。ところが真宗十派のどの本山も、手に数珠をかけよとは言いますが、念仏の数を数えよとは言いません。数珠は計算道具ではなくなったのです。

(二) 効　能

『仏説校量数珠功徳経』は、陀羅尼《だらに》（呪文）や仏名を念誦するに際しては、つまんだ数珠の材質によって、得る福徳に差があると説明しています。菩提子《ぼだいし》の数珠は、手に持つだけで福徳を得るとも説かれています。

数珠は、災いを避け、幸福を招く力があるという趣旨の説明をしている宗派もあります。この場合の数珠は、お守りということになる。お守りですから、その紐が切れると、「災難の予兆だ」「縁起がわるい」「誰かが死ぬ」と受け取られるか、逆に、「数珠が災難を引き受けてくれた」と受け取られることになります。

軽い気持ちでそう思っている人は多いと思います。でも、本気でそう信じ、人にもそのように真面目に忠告したら、いささか迷信深い人だと思われるでしょうね。

効能があるのだという説明は、何よりも、その根拠を明確に示せないことが問題です。

(三) 自制・拠り所・マナー

数珠は、自制を促す功徳があると説明する宗派もあります。煩悩が湧き立って羽目をはずしそうになった時に、手首にかけていた数珠を見れば、自制心を取り戻し、事なきを得ることができる。こんな趣旨の説明です。

あるいは東本願寺式務部が出している『お内仏のお給仕と心得』を見ますと、「称名念仏の数をとるためではなく、呪《まじな》いのためでもなく……、わがままな身心をつつしみ、いよいよご恩を尊ぶよすが(拠り所・手がかり)」とするものだと説明しています。

でもそれなら数珠ではなくて、名号の彫られた指輪やブレスレットやペンダントでもいいことになる。なぜ数珠なのかという説明にはなっていません。

仏教文化研究会編の『浄土真宗のお仏壇』は、数珠を持つのは仏教徒のマナー(礼儀)だと説明しています。だとすると、タイ、ベトナム、ミヤンマーの仏教徒は、マナー知らずだということになりますね。

(四) 信心の現れ

浄土真宗の聖典では、蓮如《れんにょ》の御文《おふみ》(御文章)に、たった一か所、数珠の話が出てきます。蓮如はほぼ次のように記しています。

「親鸞聖人は、一度も、数珠を捨てて仏を拝めと言われたことはない。確かに数珠を持たずとも、他力の信ひとつで浄土往生はできる。しかし、真実信心を獲得すれば、必ず口に出し、行いにも現れるはずだ。とすれば、今時、数珠を持たないものが多いのは、真実信心を得た人が少ないのだ。これは、仏さまを手づかみにしていることと同じだ」(「二帖目第五通」要旨)

蓮如は、真実信心を獲得したら、自ずと数珠を持つようになるはずだと言うのですが、この説明は、何の目的で数珠を持つのかという問に対しては、何も答えておりません。

(五) 象　徴

数珠は、仏法を象徴する法具だと受け取ることもできます。では仏法をどのように象徴しているのか。

『念誦経』は、数珠の球の数は「一百八球を最勝となす」と説いていますが、この百八に関しては、二通りの説明がなされています。

その一、百八すべては煩悩の数だ。これを一つ一つ繰りながら、煩悩を捨て去り、清らかな思いを積み重ねるのだ。こんな説明です。

その二、百八球の数珠の場合、親玉は二個あり、それによって、数珠は五四個に二分されている。半分の五四個は、成仏の道。後の半分は、成仏で得た功徳を人々に回向する道。こんな説明です。

しかし、いずれの説明も説得力に欠ける。なるほどという感じがしません。

(六) 救いの姿

数珠をかけて拝む。これに関しては、仲野良俊という方が面白い説明をしています。

「(数珠の珠は百八個、これは煩悩の数だ)煩悩を手にかけて、それをみな仏様の前に差し出す。それが拝むということです。」(『仲野良俊著作集』第七巻、法藏館刊)

これは面白い説明です。すこし補足します。

私たちは、願いがかない煩悩が満たされた時に、救われたと思います。もっと威張りたい、金が欲しい、尊敬されたい、愛されたい、死にたくない云々。これらの願いがかない、煩悩が満たされると、ああ救われたと思う。けれども煩悩を満たす道は限りがありません。ですから、どこまで行ってもこれで十分だという地点に到着しません。ところがこの道の他にもう一つ道がある。それは、この煩悩を仏様に差し出すことで救われようとする道だ。これが仏道だ。その姿勢に立つことを、仏教徒は、数珠（煩悩）を手にかけて拝む（差し出す）という姿勢で示すのだ。こんなふうに説明できます。

なるほど。

確かにこの説明は、自らの力で煩悩を差し出そうとする自力聖道門の仏教には当てはまる。しかし親鸞さんは、そんな説明には頷いてくださらないと思います。

親鸞さんの『正信偈』には、「不断《ふだん》煩悩《ぼんのう》得《とく》涅槃《ねはん》」つまり、煩悩を断ぜずして涅槃を得るとあります。我々は死ぬまで煩悩を断つことはできない。煩悩のあるがままに、涅槃を得る。これが親鸞さんの了解です。この点を踏まえたとき、煩悩＝数珠を手にかけて拝むということを、いったいどう了解すればいいでしょうか。

手に数珠かけて合掌する時、私たちは、煩悩を差し出して救われようとするのではなく、煩悩のあるままで救われるという立場に立つべきです。なぜなら阿弥陀如来とは、煩悩を捨てられないこの私を見捨てておけない仏だからです。

親鸞さんは、悪人正機ということを言われました。これは、弥陀の本願とは、善人よりも、煩悩を捨てきれない悪人を救うためにあるという思想です。だから多くの人が誤解しました。悪人こそが救われるのだから、あえて悪いことをしようと考える人さえ出ました。しかし悪人正機とは、悪人の方が救われるということではなく、自らの罪悪性を自覚する者こそが救われる、ということです。

善人は、そのまま救われていけばよい。しかし、悪人はどうか。自分のような悪人は、救われようが無いではないか。そんな自覚に立った時、この罪深き我を助けようと誓ったのが阿弥陀如来であったと思い知らされるのです。

手に数珠をかけ、煩悩に縛られた我が身を自ら仏の前にさらし、仏の尊顔を拝しながら阿弥陀様は「こんな私だからこそ、捨ててはおけないのだ」「よくぞ、こんな私をお助けくださることでございます」という姿勢に立つ。

この姿勢は、自力の救いを離れ、他力の救済に身をゆだねた姿勢で、浄土真宗の横超の救いを象徴していると思います。こう受け止めると、浄土真宗に数珠は不可欠ですね。

十一、焼香・合掌

焼香して合掌するのは、アジアの仏教国に共通です。日本でも、通夜・葬儀の際には必ず焼香があります。けれども焼香の回数と作法は、宗派によって異なります。

真宗十派の焼香は、香を額にいただかないという点では共通していますが、作法は異なっています（本願寺派は一回、大谷派は二回、高田派は三回）。この作法は、各宗派のホームページで確認するのがいいでしょうね。その上で、自分の宗派の正確な作法を覚えておいて、どこに行っても、その作法通りにするのが無難だと思います。

ではいったい何のために、そのように香を薫じて合掌するのでしょうか。

各宗派の焼香作法の説明を読んでみると、「香は仏の慈悲を現す」「仏国土の風の香りの再現」「自らの悪臭を消す」「仏・法・僧に捧げる」「貪瞋痴《とんじんち》の煩悩を焼却する」等々、それぞれもっともらしいことが書いてあります。けれども、香の歴史は長く、その意味づけも、各国、各文化、各宗派によって異なります。ですから、何のために焼香をするのか、なぜそのような回数になるのか、どうしてそんな作法でしなければならないのか、という問いに対して「正しい」答えは出せません。

親鸞さんは、焼香の意味や作法に関しては、一言も述べておられませんが、如来の深い恩徳を謝しながらも、その如来に背いて生きる我が身を凝視し、何度となく「恥ずべし、傷むべし」という思いを抱かれました。これにあやかって言うなら、私たちは、いったいどんな思いで焼香・合掌しているか、これを我が身に問うことが最も大切であろうと思います。

では、どんな思いで合掌すればいいのか。

一、頼み事して合掌すべきではない

仏教徒の立場に立つのであれば、「どうか息子の入試に力をお貸しください」とか、「どうかこの娘に、健康な子どもを授けてやってください」というように、頼み事をして合掌すべきではありません。

これは、神社の前で祈る感覚を、そのまま仏事に持ってきただけの合掌です。神社の前では、「福は内、鬼は外」と頼んでお参りしますね。それをそのまま仏事の場に持ってくるのですから、これは決して仏教徒らしい合掌だとは言えません。

では、通夜・葬儀の際に、冥福を祈って合掌するというのはどうでしょうか。冥福とは、死後の世界つまり冥途（冥土・冥界）での幸福ということです。ということは、死者は地下の冥途に行くことを前提にしているわけですが、その冥途は一般に暗黒の世界だとイメージされています。ではそこにどんな幸福があるのでしょうか。そんなことを何一つ知らずに冥福を祈るのですから、これは無責任です。

では、有名な寺院にお参りし、次のような思いで合掌したらどうでしょうか。

「人類が平和でありますように」

「この世から交通事故がなくなりますように」

こんな思いに対して、誰もケチはつけないと思います。しかしこれは、個人的な頼み事が、社会的な頼み事にグレード・アップしただけのことで、頼み事という点では同質のものです。これも仏教的な合掌ではありません。

けれども、頼み事をして合掌するというのはじつに微妙で、本人自身が、そうとは気づかずに、頼み事をしているという場合があります。

以前、法事の席で、「焼香の際には、どんな思いで合掌するのかが最も問われますよ」という話をしました。そうしたら、あるご婦人から、こんな質問を受けました。

「私は、親の法事で焼香・合掌する時は、いつも、亡き父母に感謝して手を合わせます。今日も、父母に感謝して合掌しました。お父さん、お母さん、本当に有り難うございました。そんな合掌です。これでいいのですよね」

ちょっと気になりましたので、尋ねました。

「どうして、そうなさるのですか」

「私の父は、戦後間もないころ、市役所に勤めておりました。薄給でした。身体も弱かった。けれどもその父が、何とか定年まで勤めてくれた。そのお蔭で、私たち姉妹は、無事、高校を出ることができた。妹が高校を出て、就職したその年に父が亡くなり、それから間もなくして母も亡くなった。けれども私たちは、本当に質素でしたが、何とか生活することができた。そして今、それぞれ家庭を持ち、多くの孫に囲まれて、幸せに暮らしています。その幸せの種は父と母が蒔いてくれた。あの物のない時代に、私たちを一人前に育ててくれた。そのことには、本当に感謝するしかありません。

ですから私は、いつも両親の位牌に向かい、父と母に感謝して手を合わせるのです。今日の年忌法要も、そんな思いで手を合わせました。これでいいですよね」

そこで、申し上げたことです。

「では聞きますが、仮に、あなたのお父さんが、飲んだくれのギャンブル好きで、酒ばかり飲んで、いたる所でもめ事を起こし、競輪やパチンコで借金を膨らませた。お母さんはそんな父親を見限り、あなた方姉妹を棄てて、どこかに行ってしまった。あなた方は、親戚中をたらいまわしにされて育ち、中学を出てすぐに就職。あなた方は、苦労して苦労して今の幸せをつかんだ。もしそうだったら、あなたは、両親に感謝して手を合わせますか?」

その方は、正直な方でした。だから、こう言われた。

「そうですね……。もしそうだったら、感謝はしないでしょうねえ」

「なるほど、そうですか。つまり、あなたにとって、都合のいい両親だったから、感謝したのですよね。都合の悪い両親だったら、感謝できない。だとすれば、都合のいいことが起こりますように、都合の悪いことはご勘弁。福は内、鬼は外。そんなふうに頼み事して拝んでいるのと、ほとんど同じですよね」

「………」

お分かりいただけると思いますが、私たちは、そうとは気づかないまま、頼み事をして手を合わせているのですよ。

これは、避けたほうがいい。亡くなった人の立場に立ってみたら、これはすぐに分かることだと思います。もし自分が死んで、いろいろな人がお参りに来て、皆がそれぞれ自分に頼み事をして拝んでいったと思ってみてください。「いい加減にしておくれ」と言いたくなりますよ。

ネットの記事をあれこれ見ておりますと、故人を思いやる気持ちで焼香・合掌するのが大事なのだというような解説がなされ、何となくそんな考えが一般に受け入れられているようです。しかし、この点については、故人をどう思いやっているのか、頼み事をしてはいないかどうか、深く考えてみる必要があると思います。

二、故人を回想して

数え切れないほど、あちこちで焼香・合掌してみて思いました。私のような凡人のできる一番いいお焼香とは、故人を無心に回想して行う焼香・合掌だ。故人の生前の姿を思い浮かべ、あの時あなたは、こんなこと言いましたね、こんな仕草で笑いましたね、心底から嬉しそうでしたね、怖い顔して怒りましたね。そう回想しながら香を薫じ、手を合わせる。これが一番いい。

亡き人のことを、皆がそれぞれに回想する。それは、亡き人の姿が、いまだ色あせることなく皆の心の中にしっかりと定着しているということでしょ。亡き人の立場に立って考えてみたら、こんな嬉しいことはないと思いますよ。

「そうか、お前はそんなことを覚えていてくれたか」

「そんなことを忘れずにいてくれたのか。あの時は楽しかったねえ」

亡き人はあの世で、そんな風に喜んでくれると思います。

三、報恩・感謝の焼香

回想して焼香・合掌するのは、純粋でいい。ほとんどの人が、このレベルに留まると思います。けれどもまだ、仏教徒らしいやり方だとは言えません。

ではいったい、どんな焼香・合掌が、仏教徒らしいやり方か。

それは、自分に仏縁を与えた人、そして究極は、この自分の究極の拠り所となる阿弥陀如来に対してなされる報恩・感謝のお焼香です。

かつて故人の死に接したことが縁になり、仏事を重ねるたびに、自分の死生観を問い、有限の人生を考えるようになった。亡くなったあの人の残した一言が、やっと納得できるようになり、仏法の話を聞くことが意義深く感じられるようになった。罪悪深重・煩悩熾盛の自分であるということを、密かに実感するようになった。このようにして仏法を求める心の旅がある程度まで進んでいきますと、必ず、こんなことに思い当たる。

「私はずっと、煩悩を満たすことにあくせくするだけだった。その私に、こんな心の旅を促したのはあなた様であった。亡くなったことは本当に辛かったが、あなた様は、深い尊いご縁を与えてくださった」

そんな思いで、亡き人を追弔してなされる焼香・合掌。これが最も仏教徒らしいでしょうね。そんな焼香・合掌の究極の姿は、横超の拠り所となる本尊（阿弥陀如来）に対して「こんな私を、よくぞお救いくださることでございます」という姿勢に立った焼香・合掌ということになります。

まとめると次の三点です。

①頼み事をして拝まない。

②故人を回想して焼香・合掌する。

③「深きお教えをいただきました」「こんな私をお救いくださることでございます」という気持ちでなされる焼香・合掌。

実際にしてみてください。なかなかできませんよ。初めはできても、ふと気がつくと、何かを頼んでいます。それが我が身の体質なのです。焼香・合掌に関しては、こんな三つの次元があります。

焼香・合掌するたびに我が身が問われています。阿弥陀如来を拠り所に、そんな自分を超える横超に目を開いてみよと問われているのです。

おわりに

死者の魂は、次々と五悪趣（地獄、餓鬼、畜生、人間、天人）を輪廻していく。だから苦しみは止むことが無い。けれども阿弥陀如来の本願を信じ念仏すれば、この輪廻の鎖を横に断ち切って浄土に往生することができる。人間は、すべからく横超して浄土に往生すべし。ほぼこのようなことを、浄土教の祖師たちは言いました。

ところが親鸞さんは、浄土往生を今現在の次元で了解し直します。五悪趣を輪廻するということは、自我が餓鬼や畜生や天人のような生き方をするということだ。そのように迷い苦しむ生き方を、阿弥陀如来の本願力に依拠して超えることが横超なのだ。親鸞さんの教学には、このような了解が見られます。

たとえば、『正信偈』には「信を獲て歓べば、即、五悪趣を横超する。その人は、分陀利華だ」と述べられていますし、『教行信証』「信巻」には「金剛の真心を獲得すれば、横に五趣・八難の道を超え、必ず現生に十種の益を獲」とも述べられています。

このように了解すると、横超は死後の話ではなく、今現在の救いの姿を示すことになります。横超とは、阿弥陀如来の救済を疑いなく信じることで、絶望して行き詰った自分のまま、そこに救われている自分を見出すという姿の救済となるのです。

末期癌の絶望の中で、掛け替えの無い人を亡くした悲しみの中で、家が流され家族を失った絶望の中で、おむつをして寝たきりになった状態の中で、なお救われている自分が見出される。行き詰った状態が解消されて救われたのではなく、行き詰っている状態のままで救いが見出されるのです。

たとえば、真宗教学者の清沢満之。彼の最晩年は悲惨でした。明治三十五（一九〇二）年六月に長男信一（十一歳）が死に、同年十月に妻が死に、その翌年四月に三男広済（五歳）が死んだ。そして、妻のいない妻の実家で療養中の満之の結核は、末期的症状を呈していた。死の一週間ほど前に、彼は「我は此の如く如来を信ず」という一文を書き残し、同年六月六日に四十一歳で亡くなる。そこに満之はこう書いています。

「私はこの如来の威神力に寄託して、大安楽と大平穏とを得ることである。私は私の死生の大事を、この如来に寄託して少しも不安や不平を感ずることがない。」

満之は、こんな状況に置かれた自分を横超し、平穏な「浄土」の世界を今ここに開いていたのです。この救いは、どんな状況に置かれた人間にとっても、なお可能となる救いの姿だと言えます。

これに対して、「そんな救いは、行き詰った人間の幻想だ」と批判することは容易です。けれどもその批判は、批判するだけの批判で、当事者には何の救いにもなりません。行き詰ってしまった人に対しても、なお可能である救い。こんな究極の救いを基礎に、個性的で豊かで大胆な生き方をせよと説くのが浄土真宗なのです。

親しき人の想い出とともに法事を営み、それを縁として横超の教えを味わえたなら、これこそ真宗の理想的な法事の姿だと言えるでしょうね。

二〇二〇年八月一〇日

北畠知量

北畠知量（きたばたけ　ちりょう）
1948年、三重県四日市市生まれ。
1971年、名古屋大学教育学部卒業。
1977年、名古屋大学大学院教育学研究科満了。
1995年、教育学博士（名古屋大学より）。
同朋大学大学院人間福祉研究科教授をへて、
現在、同朋大学客員教授・同朋大学名誉教授。
真宗大谷派、得願寺住職。
著　書
『教育哲学の諸問題』（共著）名古屋大学出版会、『ソクラテス研究』（学位論文）高文堂出版社、『ソクラテス』高文堂出版社、『親鸞の見た世界』高文堂出版社、『浄土往生』高文堂出版社、『ライフサイクルをたどる』高文堂出版社、『親鸞の正信偈』教育新潮社、『仏教的世界の教育理論』（共著）法藏館、その他多数。

法事がわかれば
親鸞がわかる
――通夜から墓参りまで――

二〇二〇年一〇月二〇日　初版第一刷発行

著　者　北畠知量
発行者　西村明高
発行所　株式会社　法藏館
京都市下京区正面通烏丸東入
郵便番号　六〇〇-八一五三
電話　〇七五-三四三-〇〇三〇（編集）
〇七五-三四三-五六五六（営業）

装幀　山崎　登
印刷・製本　亜細亜印刷株式会社

ISBN 978-4-8318-8781-8 C0015